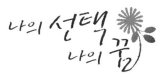

나의 선택
나의 꿈

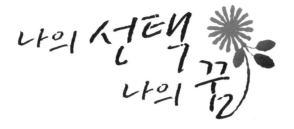

나의 선택 나의 꿈

신은주 엮음

 정인 출판사

우리 사회의 미래를 위한 투자

신은주 (평택대학교 다문화가족센터 소장)

평택대학교에서는 2006년부터 교육부의 지원을 받아 3년 동안 '다문화가족 전문인력양성을 위한 특성화사업'을 수행하였습니다. 본 사업을 진행하면서 가장 특색있고 자랑할 만한 일은 바로 한국어가 가능한 결혼이주여성을 중심으로 한 "이중언어자 역량개발 프로그램"입니다. 현재 학부와 대학원에 14명의 재학생이 사회복지교육을 받고 있는데 이는 미국의 AFFIRMATIVE ACTION에서 아이디어를 가져온 소수자 우대정책입니다.

김갈리나, 엥흐자르갈씨가 가장 먼저 학교와 인연을 맺었고 그 이후에 최스베트라나, 김마리나, 전정숙, 최연 , 정수여, 천신마오씨 등이 우리와 한식구가 되었습니다. 이들은 그동안 정규과정에서 사회복지교육을 받는 것 이외에도 다문화가족센터에서 진행된 다양한 프로그램에 열성적으로 참여하였습니다.

결혼이주여성을 교육시켜 한국의 사회복지서비스 전달체계와 결혼이주여성들을 연결시키는 "브릿지"역할을 담당하도록 하는 것은 매우 의욕적인 사업이지만 처음에는 정말 가능한지에 대해 의심의 시선을 보내는 분들도 있었습니다.

그러나 이제 그 작은 결실을 보게 되었습니다.

이 책에는 결혼이주여성들이 그동안 한국사회에 적응하면서 경험한 모든 것들을 솔직하고 담백하게 풀어놓고 있습니다. 그들이 만들어가는 아름다운 꿈들, 그리고 아픔과 갈등들을 엮어 겸허한 자세로 듣고자 합니다. 특히 각자의 모국어로도 번역이 되어 있는데, 출신국 가족과 친구등도 이 글을 같이 할 수 있도록 아이디어를 제공해준 출판사에게 고마움을 전합니다.

『나의 선택 나의 꿈』이 출판될 때까지 여러분들의 격려와 관심이 있었지만 이 자리를 빌어 그동안 결혼이주여성에게 지속적으로 장학금을 지급함으로써 학업을 계속할 수 있도록 마음써주신 학교 측과 특성화사업 내내 아낌없는 지원을 해주신 관련자 여러분들께도 심심한 감사의 마음을 전합니다. 무엇보다도 이러한 수기가 나올 때까지 수고하신 본교 다문화센터의 책임연구원 이하 연구원 여러분들에게 감사의 뜻을 전합니다.

이 글을 계기로 결혼이주여성이 한국사회 내에서 단순히 서비스를 제공받는 수혜자에서 한걸음 더 나아가 다문화사회의 정착을 위해 한국사회에서 적극적인 역할을 할 수 있는 능동적 주체로서 거듭나기를 기대합니다.

2009년 12월 5일

5

결혼이주여성 이야기

China

중국

대화로 풀어가는 행복한 결혼생활

최연

저는 중국에서 태어났습니다. 결혼한 때가 2006년 12월 25일(크리스마스날이라 결혼기념일을 잊어버릴 수가 없지요)이니 벌써 2년이 되어가네요. 한국에 오기 전만 해도 '어떻게 그곳에 가서 생활할 수 있을까?' 많이 걱정하고 고민했는데 이제 결혼 후 멋진 아들을 낳고 양육과 한국생활 적응에 몰입하는 주부가 되어버렸습니다.

나의 고향 중국

저는 중국 '흑룡강성, 밀산' 이라는 농촌에서 태어났으며 부모님은 생계 때문에 제가 12살, 오빠가 16살 때 한국에 와서 돈을 벌기 시작했습니다. 그래서 우리 둘은 항상 부모님에 대해 원망도 많았습니다. 크면서 저는 이렇게 결심했습니다. "내가 만약 결혼해서 애를 낳게 되면 진짜 사랑으로 키우고 아무리 살기 힘들더라도 애는 내가 꼭 데리고 살거야."라고...

물론 우리 부모님도 우리를 사랑하지 않아서 그런 것은 아닙니다. 엄마와 아빠

덕분에 저와 저의 오빠는 좋은 대학을 졸업할 수 있었습니다. 우리 주위에 조선족 친구들은 경제 문제 때문에 학교를 중퇴하는 학생도 많았습니다. 그래서 우리는 항상 그들이 부러워하는 대상이었죠. 왜냐하면 우리 둘은 그런 걱정은 없었으니까요. 하지만 우리는 그들의 도시락과 부모들이 옆에 있는 모습을 항상 부러워하면서 살았습니다.

최근 한국은 중국과 교류가 활발하기 때문에 여러분들은 중국에 대해서 많이들 알고 있으리라 생각됩니다. 그렇지만 간략하게 중국에 대해 소개해볼게요.

중 국 China

　위치 : 아시아 동부

　수도 : 베이징(Beijing)

　언어 : 중국어

　기후 : 습윤, 아열대, 건조기후

　종교 : 불교, 도교, 이슬람교 등

　면적 : 957만 2900km²

　정치 : 중국은 문화혁명과 마오쩌둥 집권 이후 공산주의 국가가 되었으며, 마오쩌둥이 죽고 덩샤
　　　　오핑이 개방정책과 시장경제정책을 도입한 이후 엄청난 성장을 했습니다.

　국가주석 : 후진타오 (우리나라는 대통령)

　국무원 : 원자바오 (한국의 국무총리에 해당)

　사법기관 : 중국의 사법제도는 수사기관, 검찰기관, 재판기관으로 나눕니다.
　　　　　　중국의 재판은 2심제이며, 상대적으로 형법이 매우 강력합니다.

　중국의 경제 : 중국은 덩샤오핑 집권 후 개혁 · 개방정책을 시행하여 중국은 개혁을 향한 발걸음을
　　　　　　　크게 내딛는 동시에 단호하고도 대담한 대외개방을 추진하였습니다. 그 결과 특히
　　　　　　　근래의 개혁 · 개방을 통하여 중국은 비교적 탄탄한 기반을 마련함으로써 대발전을
　　　　　　　위한 유리한 조건을 갖추게 되었습니다. 많은 경제학자들 또한 중국이 현재의 노선

과 정책을 계속 견지해 나간다면 머지않은 장래에 강대한 경제대국이 될 것이라 전망하고 있습니다.

중국의 문화 : 고대의 중국 문명인 황하 문명은 고대 4대 문명 발생지중의 하나이고, 중세기만 하더라도 서양 사람들에게 중국은 문화대국이자 신비롭고 풍요로운 나라로 알려졌습니다. 중국 전통 건축물들은 대개 웅장한 모습입니다.

중국 사회 : 중국은 많은 인구로 인하여 인구증가를 강경하게 억제하고 있어 '1자녀 가지기 운동'을 전개하였는데, 이 같은 산아제한 정책으로, 인구 1,000명당 출생률이 2000년 16.12명으로 줄었고 2005년에는 여성 1명이 평균 1.73명의 자녀를 낳는 것으로 나타났습니다. 2006년 8월 인구성장률은 0.59%이고 15세 미만 인구는 10.8%, 사망률은 1,000명당 6.97명, 영아사망률은 23.12명이고 2006년 기준으로 평균수명은 72.58세로 남자는 70.89세, 여자는 74.46세입니다. 최근에는 개혁·개방 과정에서 불가피하게 사회범죄도 늘어나, 이른바 6해(六害)라고 하여 매춘·포르노·인신매매·마약·도박·사기 및 살인이 큰 사회문제가 되고 있습니다.

한국과의 관계

1. 유교 문화의 발상지로 오랜 세월 동안 한국과 깊은 관계를 맺어 왔습니다.
2. 우리 교포들은 독립 운동을 위해 만주 일대에 많이 이주하여 살았습니다.
3. 동부 해안과 남부 해안은 우리나라 기업들이 진출하여 활발한 활동을 하고 있으며, 그 범위가 점차 넓어지고 있습니다.

천안문 광장

한국에서의 새롭고 행복한 삶

2년 전, 저와 저의 남편은 중국 청도에서 시누이 소개로 만나 결혼했습니다.

겨우 네 번 만나보고 한국을 방문하고 거처를 확인한 후 결혼을 결정했습니다. 남편은 조용하고 과묵했으며 무엇보다 착한 점이 좋아서 결혼을 결심하였습니다.

2006년 11월 18일에 한국에 도착한 후 한 달 동안 결혼준비를 하고 12월 25일 크리스마스날에 많은 친척들, 하객들과 하느님의 축복을 받으면서 결혼식을 올렸습니다. 저희는 어머님과 함께 살기로 했습니다. 결혼한 지 3개월 만에 하늘에서 축복이 내려서 저는 임신하게 되었습니다. 주위 친척 분들 모두 아이가 빨리 생겨서 잘했다고 축복해 주셨습니다. 특히 어머님과 저의 친정아버지가 너무 기뻐했습니다. 저도 그 순간만은 진짜로 세계를 얻은 것처럼 너무 행복했습니다.

하지만 임신 5개월째 청천벽력과 같은 일이 생겼습니다. 임신 중에 기형아 검사를 했는데 '다운증후군'으로 나온 것입니다. '왜 하필이면 나에게 이런 결과가 나왔을까?' 어머님과 저는 이 소식을 듣고 부둥켜안고 슬프게 울었습니다. 그러던 중 병원에서 전화가 왔습니다. '양수검사를 다시 한번 해보자고… 그럼 더욱 확실한 결과가 나올 것이다' 라는 내용이었지요. 하지만 15일 이상 걸려야 된다고 했습니다. 저와 남편, 시어머님은 한참동안 고민하다가 다시 재검사하기로 결정했습니다. 검사결과가 나오기까지 저희에겐 하루가 일 년을 지내는 것과 같았습니다. 서로 눈 마주치기도 무서워했고, 누구라도 먼저 눈물을 흘릴까 봐 하루하루를 캄캄한 어둠 속에서 지내듯이 우울하게 보냈습니다.

드디어 16일째 되는 날 병원에서 전화가 왔습니다. 결과는 다운증후군이 아니라고 했습니다. 결과를 듣고 나서 저는 어머님과 얼싸안고 서로 기뻐서 울었습니다. 그리고 전화로 남편에게도 알렸습니다.

그날 저녁 남편은 꽃을 사들고 왔습니다. 검사 결과 때문에 저의 생일도 잘 지내지 못했거든요. 서로 '참 다행이다' 라고 하며 기뻐서 잠을 잘 이루지 못하고 그동안 차마 하지 못했던 얘기들을 그제야 마음 터놓고 이야기했습니다.

그런 일이 있은 후, 며칠 뒤 아침뉴스에 이런 보도가 나왔습니다. 최근에 들어서서 산부인과에서는 돈을 벌기 위해 특히 기형아검사에서 이런 저런 증후군이 많이 나오게 하고 재검사를 요구해 산모들에게 고통스러운 문제를 발생하게 한다는 내용이었습니다. 실제 경험자들이 이러한 경험을 이야기하는데 정말 기가 막히기도 하고 화가 났습니다. '어떻게 이럴 수가 있는지?', '생명체를 놓고 의사와 병원관계자들의 행동이 너무 책임감이 없다' 는 생각이 들었습니다. 어쨌든 저는 한 고비를 넘긴 기분이었습니다. 십년감수 하였지만 저의 행복은 빼앗기지 않았습니다.

알콩달콩 사랑이야기

그러면 이제부터 저와 저의 남편의 결혼 생활에 대해 이야기하겠습니다.

하루가 끝날 무렵 남편이 퇴근해서 돌아오면 아내인 저는 남편과 대화를 하려고 시도합니다. 저의 남편은 아주 말이 적은 편입니다. 대부분의 아내들
이 그렇듯 저도 역시 남편에 대해 궁금한 것이 많아서 밥을 차릴 때 계속 질문 공세를 합니다. "오늘 회사에서 어땠어?", "지금 무슨 생각해?", "기분은 좀 어때?" 등등… 아내들은 이런 종류의 질문들을 좋아합니다.

그런데 이런 질문들이 남편들을 미치게 만든답니다. 왜냐하면 아내가 추궁하면 마치 형사들에게 둘러싸여 심문을 받고 있는 것처럼 느끼고 자신을 더욱 지키려고 하기 때문입니다. 저의 남편도 회사에서 있었던 일은 말하기 싫어합니다. 저는 남편의 이런 반응에 절대로 만족할 수 없었습니다. 저는 결혼 생활은 대화의 즐거움을 통해 남편이 하는 것처럼 대답하지 않고 지내는 것보다 그 이상의 것을 나누어 주기를 원했습니다. 아내는 남편과 대화를 나누면서 공감대를 형성해가며 더욱 가까워지고 싶어합니다. 저도 그런 마음으로 이러한 생각을 남편에게 털어 놓고 이야기 했습니다.

남자는 결혼하면 반드시 아내와 나누는 법부터 배워야 한다고 생각합니다. 남자들에게 있어 아내와 개인적인 문제를 나누는 것은 선택사항도, 부가적인 것도 아니고 오직 절대적으로 필요합니다. 그것 없이는 행복한 결혼 생활 자체를 해나갈 수 없다고 생각합니다. 저와 저의 남편도 만난 지는 얼마 안됐지만 제가 항상 수다장이 역할을 하면서 과묵한 저의 남편의 입을 많이 열려고 노력했습니다. 그 결과 지금은 많이 좋아져서 주도적으로 유머섞인 이야기를 하기도하여 주변의 사람들로 하여금 "저의 남편이 많이 변했다"는 얘기를 종종 듣고 있습니다. 혹시 다른 분들은 "아내와 대화하지 않고도 잘 살 수 있다" 라고 생각할지 모릅니다. 물론 그럭저럭 아무 문제가 없을 수도 있습니다.

그러나 부부 관계에서 더 많은 것을 원한다면 남편들은 입을 열어야 합니다. 배우자의 욕구를 충족시켜주는 것이 남편들의 일입니다. 이 욕구는 아내가 가장 진지하게 원하는 것 중의 하나입니다. 남편들이 개인적으로 나누지 않는다면 아내들은 결코 남편으로부터 사랑받고 있다는 것을 느끼지 못할 것입니다. 저도 결혼 초에는 이런 생각이 많이 했습니다. 하지만 점차 대화를 통해 어색함을 없애고 대화 속에서 생활 속 문제들을 지적하고 고쳐가고 있었습니다. 지금 저희 둘은 많은 대화를 나누면서 능숙하게 생활 속의 문제를 해결하고 재미있는 이야기들을 나누고 있습니다. 성경 창세기 2장 24절에서 "이러므로 남자가 부모를 떠나 그 아내와 연합하여 둘이 한 몸을 이룰지어다" 라는 말씀이 있습니다.

결혼생활에 있어서 우리 부부는 만난 지 얼마 안 돼서 결혼해서인지 두 사람은 비록 육체적으로는 두 몸이며, 감정적으로 두 마음이고, 영적으로 두 영혼이지만 항상 성경말씀처럼 '한 몸'이 되기 위해서 최선을 다하고 있습니다.

넘치는 사랑으로 행복한 한국생활

지금부터 제가 한국생활에 어떻게 적응하였는지 이야기하고 싶습니다.

저는 결혼한 지 2년밖에 안되었지만 한국에 와서 좋은 분들을 많이 만나 한국생활에 적응하는데 도움을 많이 받았어요. 저와 함께 사시는 우리 시어머님… 정말 저를 딸처럼 생각하고 아껴주고 챙겨주십니다. 그래서인지 저는 결혼한 지 2개월 만에 임신했고 임신 중에도 혹시나 마음고생 할까봐 항상 아침에도 일찍 일어나셔서 밥도 해놓곤 하셨어요. 그래서 주위 분들이 "그렇게 하다 잘못 버릇들이면 어쩌냐?"고 말하는 분들도 많았지만 그 때마다 시어머님은 항상 이렇게 얘기하십니다. "인간은 상대적이야, 내가 며느리한테 잘해주면 나중에 내가 늙어서 아무것도 못할 때 우리 며느리가 나한테 잘해줄거야. 그러니까 아무것도 안하고 며느리라고 부려먹으려고 생각하면 안 되지" 이런 말을 들을 때마다 저는 '정말로 시집 잘 왔구나!'라는 생각이 듭니다.

저의 친정엄마는 일찍 돌아가셨습니다. 그래서 엄마 계시는 분들을 보면 많이 부러웠어요. 우리 시어머님을 우리 친정엄마 모시듯이 잘 모셔야겠다고 항상 마음 속으로 생각하고 있습니다.

어머님께서는 한국생활 적응하기 위해서는 사회생활도 해야 된다고 하시며,

복지관과 여성회관 등에 다니면서 무엇이든 배우라고 적극적으로 지지해주셨습니다. 그래서 저는 복지관에 다니게 되었고 그 곳에서 베트남 언니를 알게 되었는데 언니를 통해서 평택대학교에서 특성화사업으로 사회복지학과 대학원생 모집을 한다는 소식을 듣고 너무 기뻤습니다. 중국에서 못다한 공부를 다시 시작할 수 있다니 마음속으로 무척 흥분됐습니다. 그러나 아이문제, 등록금 문제 때문에 남편과 시어머님과 상의를 해야만 했습니다. 뜻밖에도 우리 남편과 시어머님은 아주 쉽게 허락해주고 적극적으로 밀어주었습니다. 등록금도 어머님께서 해 주셔서 저는 또 한번 감동의 눈물을 흘렸습니다. 저의 아들은 너무 어려서 어머님께서 보시려면 너무도 힘들었습니다. 아이가 커가면서 더욱 힘들었으나 여전히 기쁘게 봐 주십니다. 저도 우리 아들을 안으려면 힘든데 환갑이 지나신 어머님 얼마나 힘들까요. 하지만 한 번도 눈치주거나 불만을 털어놓으신 적이 없었습니다. 가끔씩 제가 미안해서 "어머님, 아이 보시느라 참 힘드시죠."라고 말씀드리면 그럴 때마다 어머님께서 하시는 말씀은 "네가 놀러 다니는 것도 아니고 배우려고 다니는 건데 뭘… 게다가 내 사랑스런 손자를 보는데 이 정도는 감수해야지" 라고 하십니다. '정말로 무엇이든지 잘 이해해주시는 우리 어머님, 진심으로 고맙습니다. 나중에 제가 꼭 잘 할게요.'

저는 학교에 가서 공부하는 시간도 너무 즐겁습니다. 또 다시 공부할 수 있는 것도 좋지만 결혼하고 아이까지 있으면서 공부할 수 있어 더 없이 좋고 새로운 느낌이 듭니다. 교수님들의 강의를 듣고 있으면 한국 정치, 경제 등이 어떻게 돌아가는지 더욱 잘 알 수 있고, 같은 반 학생들을 만나면서 친분을 쌓아가며 친구도 만들고 한국생활이 한없이 즐겁기만 합니다. 한국에서 또 다시 공부할 수 있게끔 이런 기회를 만들어 주신 교수님들께도 진심으로 감사의 인사를 드리고 싶습니다.

다음은 우리 남편이 제게 써준 편지입니다.

사랑하는 남편의 편지

사랑하는 예쁜이에게

 당신이 벌써 한국에 온지 2년이 되었네. 엊그제 온 것 같은데 벌써 2년이 되었군. 그
동안 한국생활 적응하느라 마음 고생도 많았고 고향 생각도 많았을텐데... 그래도 이렇
게 잘 적응해줘서 고맙고 부모님에게도 잘 해주고 예쁘고 똑똑하고 잘생긴 아들 낳아줘
서 정말로 고맙다. 처음에는 적응하기 힘들고 고향 음식 생각도 많이 하는 것 같아 한국
생활에 잘 적응할지 많이 걱정되었는데 이렇게 적응을 잘해줘서 무엇보다 고맙다. 특히
임신 중에 음식 때문에 고생하는 당신을 보면서 남편인 내가 아무것도 해주지 못해서 참
미안했어. 내가 남편으로서 더욱 잘해주지 못해서 미안하다. 나중에 살면서 이 고마움을
두고두고 갚을께. 결혼한 지 2년 밖에 되지 않았지만 앞으로 10년, 20년, 30년… 끝까지
예쁘게 잘 살아보자. 아이한테도 당신과 내가 좋은 엄마, 좋은 아빠가 되자. 우리 아들은
공부보다는 건강하고 어른을 존경할 줄 아는 바른 아이로 키웠으면 좋겠다. 지금도 당신
은 충분히 잘하고 있어. 그리고 부모님과 식구들에게도 잘 해주고 갈등 없이 지내줘서
고맙다. 당신이 살면서 어려움도 닥치겠지만 같이 대화를 하면서 풀어나가자. 당신이 고
민하고 상심할 때 내가 항상 당신 곁에 있어줄게. 그리고 당신 아버님께도 아들 못지않
은 멋진 사위가 되어줄게. 당신이 나의 엄마에게 해 주듯이 나도 잘할게. 이 오빠 한번
믿어봐. 그리고 결혼한 지 1년 되면 고향가려고 했는데 여유가 없어 못가서 미안하고 내
년에는 꼭 가자. 약속할게. 우리 아들 데리고 같이 가자.
 앞으로는 더도 덜도 말고 지금처럼 알콩달콩 행복하게 잘 살자. 2년 동안 우리 둘이
한 번도 싸우지 않았지. 남들은 결혼초기에 많이 싸운다고 하는데, 우리는 사귄지 얼마
안돼서 결혼했지만 이렇게 행복하게 살게 되어 너무 기쁘다. 아마도 우리는 천생연분인
가 봐. 사랑한데이~~~ 이제는 우리 아들 크는 모습 보면서 행복한 나날을 보내자. 참,

가끔씩 우리 아들이 당신 옆에 누워있는 모습을 보면서 나는 참 행복한 사람이라고 느껴진다. 비록 짧은 결혼생활이었지만 지금의 이런 마음을 간직하면서 앞으로의 인생을 행복하게 살고 싶다. 우리 둘이 같이 노력하자. 내가 더욱 잘해줄께. 집안일도 잘해주고 아이한테도 신경을 많이 써줄께. 당신이 학교생활, 사회생활도 잘하고 몸조심하면서 잘 해주길 바래. 너무 무리하지는 마.

벌써 겨울이네, 날씨가 너무 쌀쌀하다. 하지만 집에 와서 너와 우리 아들을 보면 마음속이 훈훈하다. 어떠한 스트레스도 한방에 날아가는 것 같아. 고맙다, 이런 감정을 나한테 줘서. 조금만 있으면 우리 둘 결혼기념일 크리스마스네. 드라마처럼 근사한 이벤트도 해주고 싶지만 현실적으로 그렇게까지는 힘들것 같아. 하지만 노력해서 올해는 한번 재미있게 기념일과 크리스마스를 잘 챙겨줄게, 우리 아들과 함께 즐겁게 잘 보내자.

우리 예쁜이 많이많이 사랑한다.

이런 편지 처음 써서 좀 쑥스러웠지만 앞으로는 많이 써볼게.

당신을 사랑하는 남편이

마지막으로 우리 가족들의 이야기가 담긴 책을 통해 사랑 나눔에 아주 작은 의미를 부여하게 되어 너무나도 감사하게 생각합니다.

중국의 술 문화

　술은 중국인들에게 일상적인 음료이자 주요한 교제 수단이다. 중국인의 집을 방문했을 때 일반적으로는 차를 대접하지만, 만약 주인이 술을 대접한다면 손님과의 사이가 보통이 아님을 의미한다. 중국인들의 음주 관습은 한국보다는 예절을 덜 따지는 편이다.

　우선 술을 받으면 가볍게 탁자를 세 번 두드려 예의를 표한다. 이것은 청나라 건륭(乾隆) 황제 때 유래된 것으로 황제가 평복차림으로 암행을 하는 도중 신하와 함께 자리를 가지게 되었는데, 황제가 신하의 잔에 술을 따르자 신하는 마땅히 절을 해야 하지만, 황제가 암행중이라 신분이 노출되면 안되는 상황이었으므로 식지와 중지를 구부려 절을 대신했다고 한다. 중국에서는 술을 마실 때 강제로 권하거나 강요하지 않는다. "깐뻬이"를 외치며 한번에 들이키거나 "수이이"라고 말하며 마실수 있는 만큼 적당히 마시고 내려놓는다. 또 상대방의 술잔이 항상 가득 차도록 첨잔하는 습관이 있다. 하지만 자신의 잔을 남에게 돌리지는 않는다. 술이 있으면 반드시 담배가 따라오기 마련인데, 담배를 피울 때는 상대방에게 먼저 담배를 권하는 것이 예의다. 권하지도 않고 혼자만 피우면 실례가 된다.

　중국인들은 술을 마시고 얼굴이 빨개지는 것을 흉으로 여기지 않으나, 술을 마시고 술주정을 부리는 것은 절대 금물이다. 중국인들은 술에 취해 실수하는 것을 몹시 싫어하기 때문에 중국에서 술에 취해 비틀거리는 사람을 구경하기 힘들다. 그러나 중국 술은 대부분 알코올 도수가 높기 때문에 아무리 소주에 단련된 사람일지라도 취하지 않게 절제하며 조심해야 한다.

　결론을 말하자면 중국인은 '함께 술을 마신다' 는 자체에 의미를 두는 것이다.

"用对话解决的幸福的结婚生活"

我是在平泽大学读研的崔棪,我在中国语学院当讲师时,认识了现在的丈夫并与他结婚。我丈夫虽然沉默寡言,但心地善良。第四次见面后,我来韩国访问对住处确认后,下定决心与他结婚。我们是在圣诞节结的婚。我丈夫为人憨厚,个子高,长得帅,又很慈祥。周末还帮我做家务事,真可谓是我最理想的人生伴侣。

我婚后2个月就怀孕了,叔伯做的胎梦梦见一个大蛤蜊,婆婆梦见一个大黄龙。但怀孕期间,医生误诊胎儿是畸形,给我们冲击很大,因此到现在也不敢再生。儿子长得跟爸爸像是一个磨子里刻出来似的,他的出生给全家带来了幸福。婆婆生活的乐趣是照顾孙子。周围朋友都羡慕我嫁的好。今天的幸福生活婆婆的功劳最大,因此我对婆婆是由衷的感谢。可能因为我妈妈已经去世,我对婆婆就像亲娘一样,婆婆对我也像亲闺女。是婆婆给我准备了研究生(社会福利系)学费,为了我能专心学业又帮我照顾孩子。

我最大的优点是积极乐观的生活态度。我认为夫妻要身心一体,交流彼此思想,纠正生活中缺点,甜甜蜜蜜过日子。为了使婚姻生活如我所想,我耐心地做了很多努力。结婚初期,丈夫下班回家我就给他讲事先准备好的有趣的事情,让他感觉聊天的乐趣,又引导他能充分表达自己的想法。本来不善言辞的丈夫现在能主动进行交谈,周围亲朋对丈夫的变化都感到惊奇。

其实,我婚前离开父母生活孤独,刚到韩国也有很多伤心事。但现在好事更多。我认为幸福是自己精心所创。为丈夫,孩子,婆婆以及我的梦想,为筑建能在风吹雨打中坚固不倒的城堡,我一砖一瓦,从地基开始精心堆砌。真诚希望结婚移民者每一位在韩国生活幸福。为我们幸福家庭,加油!

한국, 내사랑

정수여

과(課) 오빠

언제부터 그를 알게 되었는지 정확하지 않다. 입학했을 때 우리 반은 100여명을 수용할 수 있을 정도의 대 강의실을 사용했다. 중국학생과 유학생이 한 교실에서 강의를 들었기 때문에 단번에 모든 학생과 친해질 수는 없었다. 그러나 시간이 지나면서 점차 익숙해져 갔다. 그는 항상 내 옆에 앉았기 때문에 우리는 자연스럽게 친해지게 되었다. 그는 나보다 나이도 많았고 비교적 점잖은 편이어서 나는 그를 오빠라고 불렀다. 우리는 같이 공부하고 토론하고 졸업 후, 각자 장래에 대해서도 이야기하며 많은 시간을 함께 보냈다. 때로는 서점에 함께 가서 그가 책을 사는 동안 나는 책을 읽었다. 그의 독서량은 대단해서 그와 이야기하는 것은 즐거웠고 항상 뭔가를 얻은 기분이었다. 하지만 정치와 문화, 특히 역사를 이야기할 때는 서로 한 치의 양보도 없는 논쟁을 벌이기도 했지만 그는 항상 나의 의견을 끝까지 들어주고 존중해주었다.

항상 논쟁은 논쟁일 뿐 나에 대한 그의 관심과 보살펴주는 마음은 마치 오빠

22

같았다. 3학년 침구(鍼灸) 실습 때 친구들은 나와 한 조가 되는 것을 절대 원치 않았다. 원래 겁이 많은 나는 침을 들기만 하면 손을 떨었고 좁쌀 반쪽의 크기라는 혈 자리를 여지없이 비켜갔다. 그때마다 교수님은 다시 놓을 것을 엄숙한 표정으로 압박했다. 한 번, 두 번…. 나와 한 조를 이룬 친구는 결국 그날 강의를 다 듣지 못하고 일찍 돌아가 휴식을 취해야 했다. 다음 실습시간 내가 망설이며 잠깐 늦게 들어간 사이 모두 짝을 이루고 오직 그 사람만이 남아 있었다. 당연히 나의 실습 대상이 되었다. 그 이후에도 계속, 나는 최선을 다해 잘하려고 노력했지만 나의 손은 상하좌우를 가리지 않고 심하게 흔들렸다. 침을 놓았다가 빼고 다시 놓고 그러기를 몇 번 "저, 그만 할래요." 하지만 그는 계속하라고 했다. 지금 연습해 두지 않으면 나중에 어떻게 환자를 치료할 수 있겠냐며 오히려 정색을 했다. 그때 반가운 교수님의 말씀 "자, 그만 하고 세어보세요. 침 자국이 몇 개나 되는지" 나는 셀 필요가 없었다. 친절하게도 교수님이 세어주셨기 때문이다. 그리고 한 말씀 "여러분 침은 치료하는 도구입니다" 잠시 후 그가 조용히 나에게 말했다. "아마 내 혈 자리가 다른 사람하고 다른가 봐요".

그렇게 시간은 흘러 봄이 되었다. 따뜻한 햇살을 받으며 우리들은 산행을 했고 발걸음은 가벼웠다. 산에 도착한 학생들은 각자의 개인기를 선보이기도 하였으며, 갖가지 오락으로 봄을 만끽하였고 마무리로 보물찾기를 했다. 몇 발자국 움직이지 않고 운 좋게 보물이 있는 장소가 그려진 지도를 찾게 되었다. 그곳으로 찾아 가던 중 중국의 북방에만 자생하며 반드시 짝을 이루어 나무 위에서 자라는 원숭이머리버섯(원숭이 머리모양처럼 생겼다고 해서 얻은 이름이라고 함)을 발견하고 친구들을 불러 구경시킨 후, 나는 짝을 이룬 다른 하나를 찾기 위해 숲 속을 돌아다녔다. 그때 그가 다가와 날씨가 흐려질 것 같으니 돌아가자고 했다.

"조금만 더 찾아보고요. 금방 찾을 수 있을 거예요" 나는 계속해서 나무 위만 바라보며 걷다가 넘어지고 말았다. 그가 급하게 뛰어와 나를 부축하려다가 미끄러지며 나뭇가지에 팔이 심하게 찢어졌다. 나는 일어나 그의 상처를 보려 했지만 발에 통증이 심해서 일어설 수가 없어서 기어가서 그의 팔을 손수건으로 묶어주었다. 날씨는 흐려져 산속은 금방 어두워지기 시작했다. 그는 다급히 나를 업으려 했다. "안 돼요, 오빠 팔의 상처가 심해서…" 나는 거절했지만 자기는 발로 걷는다며 나를 업고 빠른 걸음으로 숲속을 빠져나왔다. 우리가 안전하게 숙소에 도착했을 때는 완전히 비로 젖어 있었고 나를 업고 오느라고 그의 팔의 상처는 더욱 깊어져 있었다. 다른 친구들도 모두 그에게 감동했고 나도 그 일 이후에 친오빠처럼 그를 대했다.

나의 선택, 도피

유학생 행사에 초대받아 갔다. 그는 색소폰으로 〈my way〉를 연주했다. 나는 그의 연주에 빠져들어갔다. 그의 연주가 끝나자 모두 앙코르를 연호했다. 그는 잠깐 동안 무엇인가를 생각하더니 "감사합니다. 이번 곡은 제가 사랑하는 사람에게 바치고 싶습니다." 어떤 학생이 그 사람이 누구인지 물었다. 그러자 그가 대답했다. "제 마음 속에 있는 천사입니다." 난 생각해보았다. '그에게 여자 친구가 있었나? 한 번도 말하지 않았는데. 아마 그냥 아무렇게나 말한 거겠지. 그리고 그가 여자 친구가 있든 없든 나하고 무슨 상관이야?' 갑자기 마음이 어지러웠고 도대체 재미가 없었다. 그는 이번에도 내가 좋아하는 〈now and forever〉를 연주하기 시작했다. 하지만 정신이 집중되지 않아 그의 연주를 제대로 들을 수가 없었다. 그의 연주가 끝나고 얼마동안을 앉아 있었지만 심한 피로감으로 견디기 힘들어 기숙사로 돌아가 쉬기로 하고 밖으로 나왔다. 눈이 내리고 있었다. 눈이 내리면 왠지 모르게 늘 설레인다…. 가로등에 반사된 눈을 바라보다 나도 모르게 한숨을 쉬었다. 기숙사에 가까워졌을 때 누군가 따라오고 있다는 느낌에 뒤를 돌아보니 그였다. 우리는 서로를 응시한 채 말없이 서 있었다. 그가 천천히 다가와 나의 손을 잡고 "시아오매이(小妹.중국에서 여동생을 부를 때 호칭) 사랑해, 우리가 처음 알게 됐을 때부터…." 그 순간 정신이 아찔함을 느끼고 황급히 손을 빼어 기숙사로 도망치듯 들어와 버렸다. 침대에 눕긴 했으나 잠을 이룰 수가 없었다.

다음날 나의 감정은 정리하지도 않은 채 엄마에게 전화를 해서 어제 밤 일을 간단하게 말씀드렸다. 엄마는 매우 민감하게 반응하셨다. 한국 남자들은 권위주의적이고 보수적이고 심지어 술을 마시면 아내를 때리기도 하고 시집살이도 심하다고 들었다면서 한국인과의 결혼은 절대 불가임을 밝히셨다.

마음이 답답했다. 그에 대한 나의 감정에 대해서도 확신할 수가 없었다. 그를 만나고 싶었지만 그를 생각만 해도 얼굴이 후끈거리고 가슴이 뛰어서 용기가 나지 않았다. 그때 우리는 마지막 실습과정을 남겨두고 있었다. 나는 감정도 추스르고 실습도 제대로 하고 싶어서 다른 지방의 병원으로 신청했다. 최소한 떠나기 전 그에게 알려야 될 거 같아 전화를 했다. 내 이야기를 듣고 나서 그가 조용히 말했다. "시아오매이, 사랑해…. 그럼 안 돼?" 어색한 침묵이 흐르고 있었다. "안돼요, 저는 한국인에게 시집갈 수 없어요." 나는 다급하게 전화를 끊어 버렸다. 그리고 기숙사에 돌아와 이불을 뒤집어쓰고 하염없이 울었다. 내가 왜 울고 있는지 또 왜 이렇게도 마음은 아픈거지?

이별 그리고 사랑의 시작

멀리 떨어져 있으면 마음도 안정되고 시간이 흐르면 그 사람이 생각나지 않을 거라고 생각했는데…. 그러나 그에 대한 그리움은 봄날 새싹처럼 내 마음속에서 끝도 없이 커가고 있었다. 그때 나는 응급실에서 실습을 하고 있었는데 유행성 독감으로 병원은 매일 매일 환자로 넘쳐나고 있었다. 그날도 여느 날과 똑같이 점심 식사를 하고 진찰실로 돌아왔는데 현기증이 느껴졌다. 괜찮겠지, 예방주사도 맞았는데…. 실수였다. 그대로 병실로 실려 간 나는 이틀 동안 꿈속에서 그 사람 이름만 불렀다. 깨어나서 그것은 일종의 나의 착각이라고 여겼다. 그에 대한 나의 감정은 사랑이 아니라 일종의 우정이라고 생각했다.

마침내 실습이 끝났다. 그날 의사 선생님들과 회식을 가졌다. 내 담당 의사가 남자 친구가 있는지 물었다. 내가 말하기도 전에 간호사가 먼저 말했다. "있어요. 저 그 분의 이름도 아는데….이…." 그의 이름을 듣는 순간 전신은 열기로 들뜨고 얼굴은 빨갛게 달아올랐다. 그 순간 알았다. 그에 대한 나의 감정을.

저녁 때 엄마에게 전화를 드렸다. 아무리 어렵고 힘이 들어도 견뎌낼 수 있고, 반드시 그 사람과 함께 해야 행복할 수 있겠다고. 엄마는 한숨을 내쉬더니 방학 때 집에 데리고 와보라고 하셨다. 다음날 학교에 도착해서 가방 정리도 하지 않은 채 그가 있는 곳으로 달려갔다. 그는 없었다. 실습에서 아직 돌아오지 않았다고 했다. 아무 생각 없이 그가 실습하고 있다는 병원으로 향했다. 오직 그를 빨리 보고 싶다는 생각밖에 없었다. 병원에 도착하자 그가 걸어 나오고 있었다. 나를 보더니 그의 얼굴엔 일순간 여러 가지 감정이 교차했다. 이내 안정을 찾은 듯 침착한 목소리로 "시아오메이, 돌아왔어? 식사는? 우리 식사하러 가요." 그동안 많이 수척해지고 야위어 있었다. 그런 그를 보자 눈물이 흐르기 시작했다. 그가 긴장하는 눈으로 나를 보았다. 나는 울면서 그에게 물었다. "오빠 제 부모님 뵐 수 있어요?" 그의 눈빛이 흔들렸다. 그리고 약간은 흥분된 목소리로 "오래 전부터 뵙고 싶었는데….”

집으로 가는 열차 안에서 그는 약간 긴장한 듯 보였다. 우려했던 것과는 달리 집에 도착하자 그는 집안 어른들과 금세 친해져 갔다. 엄마와 시장에 다녀오는 가 하면 낮에는 할아버지 머리를 손질해 드리기도 하고 저녁에는 어른들과 술을 들며 이야기를 나누었다. 집안 어른들은 그에 대한 아니 한국인에 대한 편견을 약간은 내려놓으신 듯 했다. 이렇게 우리의 사랑은 시작 됐다. 모든 것이 이전과 다르게 보였다. 하늘, 나무, 바람, 꽃, 모든 것이…. 아름답게 느껴졌다.

행복의 집

5학년. 마지막 학기. 그때 들리는 소식에 의하면 어쩌면 한국 정부가 중국에서의 학력을 인정해 줄 수도 있다고 했다. 졸업 후 집(중국)에서 조촐한 결혼식을 올리고 우리는 결혼 수속을 하기 시작했다. 그와 함께 공부했던 일부 한국 유학생은 캐나다나 호주 혹은 동남아시아 국가로 갔다. 우리는 한국으로 가기로 결정했다. 한국에 오기 전에 한국의 역사와 문화, 지리, 음식 등을 그에게 배웠다. 그러나 한국어는 좀처럼 진보가 없었다. 아마 늘 남편과 중국어로 대화하는 것이 습관이 되어버린 모양이었다. 처음 한국에 도착 했을 때 “안녕하세요” 라는 말 이외에 아는 것이 없었다. 모든 말은 남편이 통역했다. 다행히 음식은 괜찮았다. 특히 김치는 매웠지만 나의 식사 시간을 즐겁게 해주었다. 그는 학원에서 근무했고 나는 중국어를 가르치면서 한국어를 배웠다. 절약해서 생활한 덕분인지 얼마 되지 않아 작지만 우리 집도 마련했다. 새 집으로 이사하고 예쁜 딸을 낳았다. 중국 속담에 “행복한 가정에는 행복한 만큼의 행복이 있고 불행한 가정에는 불행한 만큼의 불행이 있다"라는 말이 있다. 우리 가정도 행복한 다른 가정들처럼 그런 행복이 있었다.

禍不單行 (화불단행. 나쁜 일은 늘 겹쳐 온다)

하늘의 이치는 알 수 없다고 했던가. 성실하고 건강한 남편과 예쁘게 자라는 아이를 보며 행복을 만끽하던 어느 날 법원으로부터 이상한 우편이 배달되었다. 내용은 우리 집이 경매가 된다는 내용이었다. 그리고 며칠 후 은행에서는 모든 통장 거래를 중지한다는 연락이 왔다. 원인은 남편의 보증이었다. 이건 그야말로 청천벽력(靑天霹靂)이었다. 엄마에게 전화를 했다. 할아버지께서 전화를 받아 말씀하시길 엄마는 지금 수술 때문에 북경 오빠 집에 계신다고 했다. 아무 일도 아니겠지 마음을 안정시키며 오빠에게 전화를 했다. 오빠는 무거운 목소리로 현재 엄마는 며칠 후 있을 수술 때문에 입원해 계시고 아빠는 엄마 걱정으로 또 저혈압이 됐다고 했다. 게다가 엄마 수술은 성공을 장담할 수 없다고 했다. 엄마에게 도움을 청하려고 전화했던 나는 더 큰 충격에 빠지고 말았다.

因禍得福 (인화득복. 화로 인하여 복을 얻다)

남편은 백방으로 노력했지만 별다른 실효가 없었다. 다행히 엄마의 수술은 성공적으로 끝났다고 했다. 하지만 한 달 정도 더 입원해 계셔야 된다고 하니 부모님에게 우리 상황을 말씀드리고 도움을 청할 수도 없었다. 집을 비워줘야 할 때가 가까워졌지만 마땅히 이 상황을 변통 할 수 있는 방법은 없었다. 답답한 마음에 한국어를 배우고 있는 복지센터 원장님(송연순 목사님)께 말씀드렸다. 내 상황을 들으시고 나를 데리고 공인중개소 몇 곳을 다니며 집을 보기 시작했다. 마침내 적당한 집을 찾아 계약금을 걸고 계약서를 쓰셨다. 이렇게 일단 거주할 곳은 마련되었다. 늘 나에게 관심을 가져 주셨고 나를 친딸처럼 대해 주셔서 나 또한 친 엄마처럼 생각하고 어떤 일이든지 말씀드렸다. 그렇게 원장님의 도움으로 우리는 가까스로 위기를 모면했다. 원장님은 늘 나에게 말씀해 주셨다. 모든 일이 잘 될 것이라고. 원장님의 관심과 배려로 한국어는 물론 한국요리, 컴퓨터(관련 자격증 3개 취득), 가톨릭 대학교에서 한국어보조강사연수 등 많은 교육의 기회를 가지게 되었다. 작년에는 YWCA주최 전국 외국인 요리 대회에서는 3등을 해서 상금 뿐만 아니라 부상으로 왕복 비행기 표 2장을 받아 딸을 데리고 중국에 가서 오랜만에 부모님과 아름다운 추석을 보내기도 했다.

특히 올해 8월 원장님의 추천으로 평택대학교 대학원에 입학원서를 신청하게 됐고 교수님과의 면접을 통해 평택대학교 대학원에서 공부할 기회를 얻게 되었다. 이것은 내 인생에 있어 매우 중요한 또 하나의 새로운 시작이 될 것이다. 물론 쉽지 않을 것이다. 현재 나의 한국어 실력도 충분하지 않고 또 학교를 오가는 시간도 5시간이 넘게 걸린다. 하지만 더 열심히 노력하고 더 많은 지식을 배워 어려움을 겪는 가정을 위해 도움이 되고 싶다.

국제결혼 가정 모두 행복하기를 기도한다.

중국의 재미있는 음식재료!!

[원숭이머리 버섯]

버섯모양이 작은 원숭이 머리와 비슷하게 생겼다고 해서, 원숭이 머리 버섯이라는 이름을 갖게 되었다.

원숭이 머리 버섯은 예로부터 '산해진미(山珍海味)'의 '산진(山珍)'으로 불리워 왔으며, 영양소가 풍부하여 식용은 물론 약용으로도 널리 사용되고 있다.

각 100g의 원숭이머리 버섯에는 단백질 26.3g, 지방질 4.2g, 탄수화물 44.9g, 칼슘 2mg, 철 18mg 등 풍부한 영양물질이 들어있다. 노화를 방지해주며, 암 예방 효과가 있으며, 심내혈관 질병, 고혈압, 위궤양이 있는 사람들이 식용하면 특별히 좋은 버섯이다. 남녀노소 누구에게나 좋은 식품 재료이다.

지방분과 열량이 적고 탄수화물, 단백질, 아미노산, 비타민, 무기염류, 효소등이 풍부하여 다이어트 식품에 적합하다.

중국에서는 식용뿐 아니고 약용으로도 쓰이며 소화계병인 위궤양이나 십이지장궤양, 만성 위염등에 좋은 성분을 다량 함유하고 있다고 한다.

有关〈韩国，我的爱〉

那天下课以后，教授把我们几个结婚的外国学生叫到一起，说要出书，让我们把自己的经历写出来。我所担当的体裁是来韩国(结婚)的过程。

一看到这个体裁，往事便象潮水一样涌上心头……

我和丈夫认识已有十五年了，这十五年间有说不完的喜怒哀乐，但更让我铭心刻骨的、还是恋爱的五年，也是我来韩国的过程。这五年的经历不能一一描述，只选了几件比较有代表性的事，说给大家听。

希望通过我的故事，能让更多的人理解跟韩国人结婚的外国女人。也希望所有国际结婚的外国人能够克服一切困难，幸福地生活。

나의 한국생활 적응기

진흔묘

남편을 만나 결혼하기까지

2003년부터 남편은 중국, 제가 있는 고향으로 출장을 자주 나왔습니다. 그러다가 그해 10월경에 저는 친구 생일 때문에 음식점을 가게 되었고 남편은 중국에서 같이 일하던 친구들과 오게 되었는데 그때 마침 중국에서 같이 일하던 남편 친구가 저의 친구와 친한 사이어서 우연히 만나게 되었습니다. 처음에는 모르는 사이로 인사 정도를 나누었고 두 번째 만났을 때 남편은 제가 맘에 들어 친구에게 소개해 달라고 해서 저녁을 먹으면서 이름도 알고 서로에 대해 한 두가지씩 알게 되었습니다. 처음에는 남편이 중국말을 할 수 없어 사귀기 어려웠고 말이 통하지 않아 많이 힘들어서 주로 눈빛을 보면서 얘기하고 친구들의 도움으로 말을 전하거나 분위기를 보면서 이야기했습니다. 그로부터 한 달 후 남편이 한국에 다녀온 후에 중국어를 공부하여 간단한 대화가 가능했고 그 후로 많은 노력 끝에 몇 달이 지난 후에는 대화하는데 많은 어려움은 없었습니다. 많은 대화를 나눈 후 서로 믿음과 신뢰가 생기기 시작했습니다.

2006년 2월 14일 발렌타인데이에 남편이 초코렛으로 만든 꽃을 한 다발 주면서 저에게 결혼을 목적으로 만나보는 게 어떠냐고 하였습니다. 그때 저는 승낙을 하였고 본격적으로 만남이 시작되었습니다. 말이 완전히 통하지 않아 불편함은 있었지만 그것이 저희 만남에 걸림돌이 되진 않았고 사랑을 하고부터 조금씩 한국어도 익히기 시작했습니다. 중국에서 "안녕하세요", "아버님", "부모님" 그 몇 개의 단어 외우는데 많이 힘들어 할 때마다 남편이 격려해주기도 하였고 저의 친정아버님의 건강이 나빠져서 생활 형편이 어려울 때 많은 도움을 주었습니다. 그렇게 하면서도 남편은 저의 집에 대해 좋지 않은 말도 하지 않고 긍정적인 생각으로 밝게 웃으면서 "열심히 하자"라는 말을 했습니다.

한국어를 배우고 친구 하나 없는 곳으로 남편을 믿고 가는 것이 쉽지는 않겠지만 지금까지 저에게 보여준 모습이 너무 고맙고 이런 사람이면 평생 같이 살더라도 믿을 수 있다고 생각했습니다. 그러던 그해 5월, 중국에서 약혼을 하고 남편이 한국 간 후 결혼 등록을 해서 한국에 들어오게 되었습니다.

결혼에 관한 주변 사람들의 반응

중국에 있는 가족들과 친척, 친구들이 "외국인이라 겁나지 않느냐", "어떻게 외국인을 믿을 수 있느냐", "다른데로 인신매매 하는 건 아니냐"는 등, 제가 사는 시에서 처음으로 한국인과 결혼을 해서 그런지 반대가 많았습니다. 남편과 저는 같은 회사에서 일했가에 회사 안에서도 부럽게 보는 사람도 있었고 신기하게 보는 사람이 많았습니다. 결혼 준비로 회사를 비울 때가 몇 번 있었는데 그러다 보니 회사에서 친한 사람들과 거리가 멀어지기도 하여 마음이 많이 아팠습니다. 하지만 앞으로 믿고 의지하고 같이 있을 사람이 남편이기에 믿었고 남편을 아는 사람들은 모두 남편을 좋은 사람이라고 믿어도 괜찮다고 얘기하였기 때문에 크게 불안함은 없었습니다.

한국생활의 어려움

한국에 들어오기 전에는 쉽게 말을 배우고 친구도 쉽게 사귈 수 있다고 생각했는데 막상 한국 들어왔을 때 말이 통하지 않아 '어떻게, 살아가야 하나' 막막했습니다. 집안 식구들과 말 한마디도 하지 못하고 조카들도 말이 통하지 않았을 뿐

더러 좋아하는 사람도 하나도 없어 말 그대로 어디를 가나 찬밥 신세였습니다. 친구를 사귀려고 해도 말이 통하지 않아 어느 누구와 쉽게 친해지기가 어려웠습니다.

한국 들어와서 1개월 후쯤 남편이 독일 출장을 가게 되었습니다. 불과 일주일간의 출장이었기에 셋째 형님 집에서 있게 되었는데 가족들과 말이 통하지 않고 불편함 때문에 겉으로는 웃고 있었지만 속으로는 너무 어렵고 힘들었습니다. 일주일 후 남편이 한국 왔을 때 너무 보고픈 사람을 만나서 그런지 집에 돌아와서 펑펑 울었습니다. 결혼 생활이 힘들어 가족들과 엄마 생각나더라도 그때마다 내 곁에 남편이 있어서 어려움을 잘 극복할 수 있었습니다.

한국에 들어와 친구 사귀기가 어렵고 문화도 공부하기 어려워지자 남편과 고민

끝에 나중에 아기를 낳더라도 대학교를 다녀보라는 얘기에 문화를 알고 친구를 만들 수 있다는 생각에 평택대학교에 지원하게 되었습니다. 그래서 올해 1학년으로 입학하여 한국 문화를 익힐려고 많은 노력을 하고 했지만 여전히 책도 어렵고 친구들과 남편의 도움 없이는 공부를 할 수 없어 너무 힘들었습니다.

하지만 2학기 들어와서는 한국말이 조금씩 나아졌고 그에 따라 어려움이 조금씩 줄어들고 있습니다. 어떤 문제나 어려운 상황이 생기면 친구에게 물어보거나 남편이 좋은 방향으로 얘기를 해줘서 무난히 해결할 수 있었습니다.

가끔 두 달에 한번 정도 남편과 다투기도 하지만 그때마다 오히려 남편과 대화를 더 많이 하게 되었고, 맥주도 한잔하면서 화해하면 더욱 가족의 소중함을 느끼게 됩니다. 또한 시댁 식구들과 전화도 자주하고 그 가운데 행복을 느끼며 살아가고 있습니다. 대학을 다니면서 두세 살 어린 동생들도 친절해서 공부하는 데 도움을 많이 주었고 특히, 교수님들 덕분에 조금씩 한국이 편해지고 한국 문화공부에 많은 도움이 되었습니다.

결혼 전에는 한국말을 배우는 것이 크게 어렵지 않고 친구들 사귀는 것도 크게 어렵지 않을 것이라고 생각했는데 실제로 한국말을 배울 때는 말이 통하지 않으니 답답하고 빨리 배우지 못해 안타까웠습니다. 한국에 온지 몇 달 동안은 혼자 할 수 있는 것이 많이 없었습니다. 옷을 사는 등 쇼핑을 하더라도 바가지를 쓰는 것이 아닌가 하는 생각에 불안했고 글을 몰라 버스를 타는 것도 힘들었습니다.

중국에서는 예전부터 알고 있던 친한 친구들이 있었기에 좋은 일은 함께 기뻐하고 나쁜 일은 함께 고민을 나누었는데, 한국에서는 남편 외에는 이야기할 대상을 찾기 어려웠습니다.

한국에 와서 좋은 점은 한국이 중국보다 생활

수준이나 생각하는 것이 조금 높아서 문화적, 물질적으로 더욱 풍요롭게 살 수 있고 사회복지제도도 중국보다는 좋다는 점입니다. 남편이 여행을 좋아해서 가끔 한국의 여러 곳을 다니면서 사진도 많이 찍고 음식도 많이 먹어보면서 한국 문화를 익히도록 도와주었습니다.

처음에 한국 들어왔을 때는 집 앞에서 물건 사는 것도 어렵고 어묵 하나 사 먹을 때도 손발을 사용하면서 계산해야 했습니다. 때문에 항상 집에서 남편을 기다렸고, 남편이 퇴근한 후에 필요한 단어를 하나씩 배웠고, 주말에 여행을 다니면서 조금씩 익혔습니다. 그러다 2개월 정도 후에 남편의 퇴근 시간을 절약하고 저에게 무슨 일이 있으면 빨리 올 수 있도록 회사 근처에 집을 옮기면서부터 낮에는 TV를 보면서 혼자서 한국어를 공부하고, 저녁에는 남편이 기초부터 하나씩 가르쳐주었습니다.

6개월 정도 지난 후, 동네 복지관과 평택대학교에서 실시하는 프로그램에 참여하여 한국어 교육을 본격적으로 받게 되었습니다. 남편과 둘이서 대화를 했기 때문에 발음이 많이 부족하여 처음에는 초급반에 들어갔습니다. 그러나 얼마 안가서 중급반으로, 또 다시 고급반으로 올라 갈 수 있었습니다. 발음도 부족하고 다른 사람보다 복지관에 늦게 다니기 시작했지만, 대신 집에서 한국어 공부를 열심히 해서 빠르게 상급반으로 올라 갈 수 있었습니다. 그러나 발음을 한국 사람과 비슷하게 말하는 것은 많이 어려웠고 좋은 친구를 사귀는 것 또한 여전히 어려운 문제였습니다.

지금은 대학교에서 공부를 해야하고 시험을 봐야 하기에 이전에 공부하는 것에 비해 10배 이상의 노력이 필요합니다. 시험이 너무 싫고 힘들지만 몇 년 만 열심히 공부하면 모든 것이 가능하다고 생각합니다. 한국 사람으로 열심히 살아야

나중에 내 가족에게 보탬이 될 수 있기에 더욱 공
부도 많이 하고 친구들과 많이 이야기하면서 빨리
배울 수 있도록 노력하고 있습니다.

한편, 결혼생활 중에 시댁 식구들의 갈등도 있었
습니다. 처음에는 시댁 식구들이 저를 아기 대하듯
이 하고 중국 사람으로만 생각하여 관심도 많이 가져주지 않았습니다. 처음에는
말이 통하지 않아 가장 어린 조카와 놀았으나 점차 한국말을 많이 공부하고자
노력하고 계속적으로 가족들과 친해지려고 노력했기 때문에 지금은 식구들과의
사이가 많이 좋아졌습니다. 요즘은 형님 집에 놀러 가서 맛있는 음식이 있으면
만드는 방법을 가르쳐 달라고 해서 배울 정도로 가까이 지냅니다. 형님은 저를
막내 동생처럼 잘 대해 주십니다.

저는 한국에 적응하기 위해 많은 노력을 했습니다. 한국에 들어온 지 5개월 정
도 되니 집에만 있기 너무 답답해서 남편에게 일할 수 있는 곳을 찾아 달라고 해
서 주유소 아르바이트를 하게 되었습니다. 다른 아르바이트는 말을 많이 해야
하지만 주유소는 몇 마디 말하는 것 외에는 크게 어렵지 않아 시작을 하게 되었
으나 피부 부작용인지 얼굴이 까맣게 타고, 여드름이 많이 나기 시작했습니다.
일은 계속하고 싶었으나 아직 한국 음식도 적응이 되지 않았던 때라 한 달밖에
하지 못하고 그만 두었지만 그래도 저는 후회하지 않습니다.

그 나라의 생활에 적응하려고 하면 언어 다음으로 중요한 것이 음식문화인 것
같습니다. 한국음식은 중국보다 많이 매워서 처음 한국 들어왔을 때는 설렁탕이
나 어묵처럼 고춧가루가 없는 음식만 먹었습니다. 그러다 보니 먹을 음식도 적
고 만두 등의 중국 요리밖에 먹을 것이 없었습니다. 한 달 정도 후부터 남편이
어차피 나중에도 먹어야 하니까 하루에 김치 한, 두개 정도만 먹으라고 해서 참
고 먹다가 어느 날 구미에 가서 '흑태찜'이라는 것을 남편 친구와 같이 먹게 되

었습니다. 음식은 좀 매웠지만 부드럽고 매콤한 맛을 잊을 수 없을 정도로 맛있었습니다. 그 이후로도 남편에게 그 음식이 먹고 싶다고 하면 가끔 내려가서 먹고 옵니다. 그 후부터 매운 음식이 좋아지기 시작했고 지금은 고추가루가 들어가지 않으면 맛이 없을 정도로 한국 음식을 맛있게 먹게 되었습니다. 이제는 매운 음식을 한국 사람만큼 좋아하고 잘 먹습니다.

행복한 가정을 만들기 위해 더욱 노력을…

결혼 생활하면서 가장 행복했던 일은 지금 가정 형편이 썩 좋지 않은데도 불구하고 남편이 저를 대학교에 보내어 공부를 시켜주는 것입니다. 그래서 남편에게 더욱 감사와 사랑을 보냅니다.

다른 사람들도 그렇겠지만 저희도 남편의 적은 월급으로 외식도 많이 못하고 좋은 옷도 선뜻 살 수 없습니다. 하지만 저희는 아끼고 절약하며, 학교 등록금과 생활비 그리고 중국에 있는 가족들에게 가끔씩 생활비도 보내줍니다. 이렇듯 저는 제 미래를 위해 애쓰는 남편의 마음에 감동받았고 현재 매우 행복합니다. 만약, 경제적 어려움이 없었다면 이러한 감정을 경험할 수 없기 때문에 오히려 이러한 상황을 감사하게 생각합니다. 예전에는 해외 출장이 잦고 몇 달씩 길게 갔던 남편이지만 제가 한국 들어온 후에는 일 년에 서너 번(길게 가더라도 10일 정도) 다녀오는 편입니다. 대신에 올해 들어 남편의 회사 일이 너무 많이 바빠서 항상 일찍 들어오지 못하고 늦게까지 일을 합니다. 그렇더라도 제가 바쁘면 언제든 집안일을 할 때 같이하고 도와줍니다. 제가 부탁을 하면 항상 힘든 표정 짓지 않고 도와주는 남편이 너무 고맙고 행복합니다.

그리고 한 가지 더 자랑하자면 이미 결혼을 했지만 저의 친구들을 배려하여 밥도 자주 사주고 해마다 저의 생일이 되면 꽃 선물을 해줄 때 '정말 남편이 날 사랑해 주는 구나' 라는 것을 알게 됩니다. 그래서 언제나 저의 남편에게 감사합니다.

앞으로 더욱 행복한 가정을 만들기 위해 저는 더욱 노력할 것입니다. 지금은 한국어를 배우고 문화를 배우지만 많이 부족하다고 생각하기에 앞으로 어떻게 행복한 가정을 만들어야 할지에 대한 구체적인 목표는 일 년 정도 후에 제 자신을 돌아보고 세우려고 합니다. 우선은 다른 사람들처럼 학교를 졸업하고 취업한 후에 아기를 낳으면서 행복한 가정을 이루고 싶습니다.

한국어를 많이 배우고 아기를 낳더라도 지금 전공으로 하고 있는 사회복지 일을 할 수 있는 곳을 구해서 제가 겪었던 어려움을 다른 사람들이 겪지 않도록 도와 주고 싶습니다.

중국의 전통의상과 음식

중국에서 신부는 결혼하는 날 새벽에 중국의 전통결혼의상인 용봉괘를 입고 남편 집에 갑니다. 그러나 결혼식에서는 웨딩드레스로 바꾸어 입고, 결혼식 중간쯤에 손님들과 술자리를 할 때에 다시 용봉괘를 입습니다.

신랑은 용봉괘보다 주로 양복을 입습니다.

▲ 2009년 2월 겨울방학 때 남편과 함께 윈낭성에 있는 스린에서 소수민족의 전통의상을 입고 사진을 찍은 모습입니다.

중국 광동성에서 유명한 요리 중 하나는 딤섬(点心)입니다. 이 요리는 보통 주말 아침과 점심식사 시간에 가족들과 함께 많이 먹습니다.

我们一起生活的故事

从2003年开始，丈夫经常到我的家乡来出差。2004年的时侯，在我的好朋友的生日聚会上偶然地跟丈夫相遇了。2005年的情人节那天，丈夫送给我一束用巧克力凑成的花并向我示爱。让我非常感动，于是接受丈夫的追求，从此开始了交际。直到2007年那一年，我们终于结婚了。

结婚以后，刚来到了韩国时，真的很寂寞。身边连一个朋友都没有，因文化的差异而很难适应，语言也不通。后来，和丈夫考虑了一段时间，才决定到平泽大学读书。虽然，刚开始没有朋友和丈夫的帮助看书很难，但是随着时间的变化，渐渐地适应了。现在不管什么时候发生一些问题或有困难的情况下，教授和大学同学还有丈夫总是以好的方向告诉我，让我容易地解决问题。

在中国有很多好朋友，因此可以同甘共苦。但是刚到韩国时，除了丈夫以外很难找到同甘共苦的对象。并且因文化的差异，直到理解对方，需要了一段很长的时间。所幸丈夫喜欢旅游，所以在韩国一起旅游了很多地方，照了不少的相片也吃了很多美味佳肴，同时让我了解韩国文化有了很大的帮助。

现在在大学读书，便有考试，比以前需要10陪以上的努力。虽然考试很难，但我相信再努力学习几年，一定会成功。所以正在跟韩国人一样努力地生活，以后对我的家庭能有所帮助。更加努力学习并跟朋友们多聊天，争取快点儿学会语言。

语言下来重要的好像是饮食文化。韩国饮食比中国广东省的饮食辣很多。刚到韩国时，只有吃像牛杂碎汤和鲜鱼凉粉，水饺之类不辣的饮食。但大概过了几月以后，渐渐开始能吃辣的饮食了。现在比韩国人还会吃得上辣的饮食。

在结婚以后的生活里，最幸福的事是丈夫让我上大学。还有，省吃俭用，帮我交学费和给我生活费并且给中国的娘家寄上每个月的生活费。因此不能出去用餐又买不了贵的衣服，俭朴地生活着。不过一想到这都是为了我的未来着想，感动很幸福。每当我有事情要拜托的时候，从来不板起累的样子来帮助我，真得很感谢丈夫，并感得幸福。

现在想学好韩语，以后生孩子了，也想找到一份跟现在专业有关的社会福利事业工作，尽力帮助那些外国人不要经历跟我同样的困扰。

나의 유학생활

강지

제 이름은 강지입니다. 저는 중국에 있는 곡부사범대학교를 졸업한 후에 평택대학교에 와서 일반대학원 사회복지학을 공부하고 있습니다. 곡부는 세계에서 유명한 교육자 공자의 고향이며 저의 고향이기도 합니다.

저는 한국에 온 후에 중국과 한국 간의 문화적인 차이를 많이 느꼈습니다. 제가 느낀 문화적인 차이에 대하여 말씀 드리겠습니다.

한국과 중국의 문화적 차이

나라마다 자기 문화와 풍속이 있습니다. 중국에 있었을 때는 중국과 한국의 차이를 느낄 수 없었는데, 한국에 와서 대학교 생활과 중국 대학교 생활의 차이점을 많이 느꼈습니다. 지금부터 그 차이에 대해서 이야기하겠습니다.

하나, 처음 한국에 왔을 때, 선배님은 우리를 데리고

은행에 가서 은행 카드를 만들었습니다. 은행 카드를 만든 후에 은행에서 일하는 직원은 우리들에게 이 카드를 분실하면 이 카드를 주운 사람이 마트에서 사용할 수 있다고 말했습니다. 중국에서는 카드만 있고 비밀번호 없으면 돈을 쓸 수 없습니다.

그런데 한국에서는 주운 사람이 어떻게 비밀번호도 모르는데 카드를 사용할 수 있는지 이해가 되지 않았습니다

둘, 며칠 후에 우리는 수업을 시작했습니다. 우리는 한국 학생들과 같이 수업을 들었는데, 한국 여학생들은 보통 화장을 하고 신경 써서 옷을 입고 다녔습니다. 수업 시간에도 화장을 하기도 하고, 모자도 그냥 쓰고 수업을 하였습니다. 또한 추운 겨울인데도 불구하고 자주 치마를 입고 다녔는데 참 이해가 가지 않았습니다. 중국 여학생들은 대부분 화장을 하지 않습니다. 또한 중국에서는 수업 중에 화장을 하거나 모자를 쓰는 것은 선생님을 존경하지 않는다는 표현이기 때문입니다.

셋, 한국의 선생님은 자주 우리에게 밥을 사주고 맛있는 간식을 잘 나누어주셔서 고맙기는 하지만 잘 이해가 되지 않았습니다.

넷, 한국은 자본주의 국가여서 학교 안에 교회가 있습니다. 우리는 일요일마다 교회에 가서 예배를 드리고 점심을 먹었습니다. 그런데 우리 중국은 사회주의 국가이기 때문에 교회가 별로 없으며, 함께 밥을 먹는다는 것은 생각지도 못합니다.

다섯, 중국의 학교식당은 주말에도 밥을 파는데, 한국 학교식당은 주말에 왜 밥을 팔지 않을까요?

여섯, 한국에 있는 버스와 자동차의 속도가 너무 빨라서 버스를 타고 가면 속이 메스꺼워집니다. 그러나 교통질서가 잘 되어 있어서 교통이 매우 편리합니다.

중국도 교통이 편리하지만 땅이 너무 커서 먼 지역에 가려면 시간이 오래 걸려서 많이 불편합니다.

일곱, 한국사회에서는 자신보다 나이가 많으면 꼭 존칭어를 써야 합니다. 중국에서는 존칭어가 있긴 하지만 보통 일상생활에서 자주 사용하지 않습니다.

지금까지 한국에 와서 제가 느낀 한국과 중국의 문화의 차이에 대해 적어보았습니다.

한국과 중국의 음식차이

하나, 중국 요리의 음식 대부분은 커다란 덩어리(채소, 고기, 두부)로 준비하며, 바로 집어 먹기 편하게 되어 있습니다. 전통적으로 중국 문화는 식탁에서 칼과 포크를 이용하는 것을 야만스럽게 봅니다. 왜냐하면 그러한 것들은 무기로 생각할 수도 있기 때문입니다. 손님이 직접 음식을 자르는 것도 무례한 것으로 여깁니다.

생선 요리는 보통 완전히 요리되어 나오며 젓가락으로 살코기 덩어리를 집어서 먹습니다. 다른 종류의 요리는 보통 가시를 발라내서 먹는데 이와 대조됩니다. 가능한 신선하게 대접해야 한다는 것도 있지만, 더 중요한 것은 물고기는 문화적으로 완전함을 상징하므로 머리와 꼬리 부분이 있어야 한다고 여기기 때문입니다. 대부분의 식당에서는 두 개의 숟가락을 이용하여 고기를 나눠 식탁에 올려 놓는 것이 일상화되어 있습니다. 닭고기 또한 중국 요리에 있어 잘 알려져 있는 음식입니다. 닭의 살코기를 여러 갈래로 찢어 놓아 벼슬까지 대접하고 있는데 이것 또한 완전함을 상징합니다.

둘, 중화 요리에서 식사 손님은 저만의 밥그릇을 가지는 반면, 동반하는 다른 요리는 공용 그릇에 놓아 여러 사람이 먹을 수 있게 해 놓습니다. 각 사람은 공용 그릇의 음식을 젓가락으로 집어 먹는데 이것은 저만의 그릇만을 사용하는 서양식과는 대조가 됩니다. 서양식의 경우 위생적인 이유 때문에 별도의 숟가락이나 젓가락을 사용할 수 있을 것입니다. 동양권

에 있지 않은 사람들은 이러한 문화에 불편을 느끼기도 할 것입니다.

셋, 한국음식은 종류가 많지만 우리 중국 사람들이 볼 때 중국음식처럼 다양하지 않고, 그 맛은 좀 맵고 싱겁습니다.

한국의 유학생활

한국에 온 지 2년 반 정도 되었으나 한국생활이 재미있을 때도 있었고 재미없을 때도 있었습니다. 친구들이랑 여기저기 놀러다니는 것을 좋아해서 한국관광을 많이 했으며, 한국친구들도 많이 생겼습니다.

중국음식 탐방

[毛血旺 모시워왕]

(Maoxuewang, a dish of boiled blood curd and other stuff with spicy sauce.)

Maoxuewang 음식이름인데 옛날에 Mao라는 사람이 이 요리를 개발했다.

모시워왕은 충칭시에서 유명한 요리중의 하나이다.

원료 : 오리 피, 오리 장, 미꾸라지, 햄, 팽이버섯, 콩나물, 목이버섯, 고추,
　　　 처녑, 산초, 줄기상추, 원추리

만드는 방법 :
1. 오리 피, 오리내장, 미꾸라지, 햄등 적당한 크기로 썰어 놓는다.
2. 오리 피, 오리 장, 미꾸라지, 햄, 팽이버섯, 콩나물, 목이버섯 등 다른 재료들과 함께 끓인다.
3. 프라이팬에 식용유를 넉넉히 붓고(60％정도의 열기면 가능) 후추를 넣은 후 원추리와 산초
　 와 고추를 넣어서 식용유에 함께 볶는다.
4. 끓인 것을 다른 곳에 담은 후, 식용유로 볶은 것을 붓는다.
5. 향채를 좋아하시면 넣은 후 맛있게 먹는다.

简要

我叫江迟，来自中国山东曲阜。现在就读于平泽大学一般大学院社会福利专业。

我来到韩国差不多3年了。刚开始一句韩语不会，没有任何沟通能力，饭菜也不合胃口，还有些想家。

后来，认识的朋友多了，韩语能力提高了，慢慢的感觉韩国生活也有意思了。

我本科读的英语，所以那个时候，韩语不能沟通，全部拿英语交流，间接的刺激了我学习英语的决心。还结识了很多对于英语学习志同道合的好朋友。

读大学院，我选择了社会福利专业。刚开始学习的时候很难，专业课听不懂，一看课本头疼脑子大，差点要放弃。随着时间的推移，慢慢的喜欢上了个造福人类的专业。在这本书里，我只写了小段文章，描述了我眼中中国和韩国的教室文化。

（包含了几张韩国生活照片）

另外，讲解了我最爱的川菜毛血旺。

결혼이주여성 이야기

Mongolia

몽골

칭기즈칸의 꿈 플러스 세종대왕의 꿈

엥흐자르갈

내 고향 몽골

몽골이라고 하면 몽골제국 칭기즈칸이 떠오르지요. 저 또한 전 세계에서 가장 큰 제국을 건설했던 칭기즈칸의 후예입니다. 참고로 '몽고'와 '몽골'은 전혀 뜻이 같지 않은 단어입니다. 이것은 한국 사람들을 한국인, 대한민국 국민이라고 부르는 것이

아니라 '조센진'이라고 부르는 것과 마찬가지입니다. 현재의 중국내의 내몽골과 독립국인 몽골리아인 외몽골의 분단형태의 나라를 옛날에 중국에서 비하하여 "무지몽매하다"는 뜻의 몽고라는 호칭을 사용하였는데, 홍보 부족으로 한국에서는 아직까지도 몽고라는 호칭을 사용하고 있어서 안타깝습니다. '몽골'의 뜻은 용감무쌍하다는 뜻이랍니다. 국가(혹은 민족)의 이름으로는 몽골리아(Mongolia)가 맞습니다. 몽골은 러시아에 이어 두 번째로 사회주의를 받아들인 나라이기도 합니다. 제가 몽골 10년 학교 때 소련·동구에 '페레스트로이카'(개혁) 바람이 불기 시작했던 시기였습니다. 우리나라 초대 대통령께서 1992년에 70여 년간

지속되었던 공산주의를 포기하고, 국명을 '몽골인민공화국'에서 '몽골'(Mongolia)로 변경했습니다. 1948년부터 북한과 외교관계를 유지했던 몽골은 1990년 한국과 수교했습니다.

몽 골 Mongolia

    위치 : 중앙아시아 고원지대 북부

    수도 : 울란바토르(Ulaanbaatar)

    언어 : 몽골어

    기후 : 극도의 대륙성기후

    종교 : 라마불교, 이슬람교

    면적 : 156만 4500km²

    정치 : 민주주의 (대통령제, 의회제)

'자가'와 '짱가'

저는 전 세계에서 가장 큰 제국을 건설했던 칭기즈칸의 후예 엥흐자르갈입니다. 간단하게 '자가'라고도 합니다. 한국에서는 그냥 이렇게 부르고 있습니다. 처음 들어본 이 이상한 단어를 듣자마자, 한국 사람들이 "네, 뭐라고요?" 이렇게 물어봅니다. 그때마다 저는, "저기… 한국말에 '가자, 가자(Let's go)'라고 있잖아요. 그 '가자'를 거꾸로 읽어보세요. 뭐가 되죠? 자가죠. 그것이 바로 저의 이름이랍니다" 하고 설명을 해줍니다. 그때 한국 사람들이 "아, 진짜 그렇네요" 하면서 미소를 지으며, 그제서야 제 이름을 잘 외워 놓는것 같습니다.

우리 남편도 처음엔 '자가'를 '짱가'로 불렀었어요. 알고보니 한국의 로봇 만화영화에서 나오는 영웅의 이름였어요. 그리고 남편께서 우리 처음 만났을 때 어디 갈때되면 운전하면서 옆자리 앉아있는 저에게 '어디선가~누구에게~

무슨일이 생기면~~ 짜짜짜짜 짜 짱~가~' 라는 노래를 힘차게 불러줬던 기억이 납니다. 정말 위 노랫말대로 누군가에게 무슨 일이 생기면 나타나주는, 그런 멋있는 사람이 되는게 저의 어릴적 꿈이었습니다. 저의 이런 이야기와 함께 출판하는 이 책도 한국에서 살아가고 있는 수 많은 다문화가정, 그리고 다문화에 관심을 가져주시고, 그들을 아껴주시고, 사랑해주시는 많은 한국인들에게 언젠가 다같이 함께 손을 잡으며 살아갈 수 있는 희망의 빛이 되기를 기대하면서 저의 이야기를 이어가겠습니다.

내 이름의 의미

대한민국에 처음 입국 했을 때 여권에서 저의 이름은 Tsanjid Enkhjargal이라고 이렇게 써져 있었습니다. 이중에서 앞부분의 'Tsanjid' 는 사랑하는 우리 아버지의 이름 입니다. 아버지께서는 1999년에 제가 대학교 4학년때 안타깝게도 암으로 세상을 떠나셨습니다. 우리나라에서는 돌아가신 사람, 특히 부친의 이름은 부르지 않습니다. 살아계신다고 해도 부모님과 이름이 같은 사람이 주변에 있으면 되도록 그 사람의 이름의 사용을 피하는 전통이 있습니다. 그만큼 자기 부모님을 존경한다는 뜻입니다. 그런데도 불구하고, 저를 한국에 오면서부터 계속 아버지 이름으로 부르는 경우가 많았습니다. 처음엔 정말 당황스러웠지만, 여기는 몽골이 아니라 외국이라는 생각으로 다 이해하면서 그동안 살아왔습니다. 다른 나라에 가면 누구든 불편함이 많을 것 같습니다.

사실은, 몽골 이름은 한국사람들만이 아니라, 때로는 외국인들에게 혼란을 줄 수 있다고 생각합니다. 왜냐하면 몽골인들은 성이 없이 이름만 사용하며 그것도 친한 사이가 되면 짧게 해서 부르는데요, 예를 들
어 Enkhjargal(엥흐자르갈)라는 이름을 가진 저를
Enkhee(엥해), 아니면 Jagaa(자가)라고 짧게 부릅
니다. 물론 공식적인 서류에는 자기 이름 앞에 부
친의 이름을 쓰지만 부를 때는 그 사람의 이름만
을 부릅니다. 우리나라는 러시아(구 소련)의 지배와 영향을 많이 받으면서 대대
로 전해오던 성이 없어졌답니다. 최근 이에 대한 반성으로 성을 갖기 시작했지
만, 조상들이 기록을 하지 않아 사람들이 많이 혼동을 느꼈다고 합니다. 그래서
예전의 성을 몰랐던 사람은 자신이 성을 지을 수밖에 없고, 또 그렇지 않다 하더
라도 자신의 성을 갖고 싶어서 성을 짓는 사람들도 꽤 있습니다. 그래도 최근에
는 저처럼 아버지의 이름을 성으로 갖는 경우가 대부분 입니다.

저는 몽골의 수도 울란바토르에 있는 2종합병원에서 우리 엄마, 아빠의 둘째
딸로 태어났습니다. 엄마가 저를 낳으시고, 병원에서 퇴원한 후에, 제 이름이 지
어졌다고 합니다. 그때 이웃에서 착하고도 너무 착하신 어떤 할머니가 살고 계
셨는데 친척도, 친구도 아닌 그 할머니가 저한테 엥흐자르갈(Enkhjargal)이라는
이름을 지어주셨대요. '엥흐'은 '평화'를, '자르갈'은 '행복'을 뜻하는 말입니다.
저도 이런 제 이름을 무지 좋아합니다. 무엇보다 이웃들과 친가족 같은 사랑과
따뜻한 정을 나누면서 살아오신 우리 부모님께 감사합니다. 그런 부모님 덕분에
저는 어딜가나 '행복아~행복아', '평화야~평화야'라고 부르는 소리를 듣고 자
랐고, 말그대로 그 행복과 평화를 제 품에 가득 안고 살아올 수 있었습니다.

하지만 한국에 온 이후부터 이름 때문에 혼란스러웠던 적이 한두번이 아니었
습니다. 이름뿐만이 아니라 외국에서 와서 한국인 남편을 만나 국제결혼을 했다
는걸 듣자마자 한국 사람들의 태도가 달라지는건 옛날이나 지금이나 마찬가지
입니다. 사실 저는 한국 사람이랑 얼굴이 비슷해서 그런지 처음엔 얼굴보고 바로

무시하는 사람은 솔직히 없었습니다. 하지만 한국 남자랑 결혼했다고 하니까 당황스러울 정도로 주변의 시선이나 태도가 냉정해졌습니다.

남편을 만나다

대학교 3학년때 동료와 함께 몽골에서 울란바토르지사 사무실에 취재하러 방문한 적이 있습니다. 사실, 1995~1999년까지 몽골국립대학교 언론학과에서 공부를 했습니다. 그때 교수님께서 숙제로 외국인과 인터뷰를 할 것을 강요 하셨는데 누구를 만날까 고민 하다가 그때 일본에서 온 신문 기자를 동료와 함께 만나기로 했습니다. 그 신문 기자에게서 여러 이야기를 들었는데, 그 일본 기자도 국제결혼을 하신 분이였습니다. 참 신기했습니다. 몽골은 애국심이 참 강한 나라입니다. 저 또한 무엇보다 우리나라를 사랑하는 애국심이 많은 젊은이였습니다. 그래서인지 저는 그때만해도 죽어도 외국 사람하고는 결혼을 하지 않겠다는 마음 가짐을 가지고 있었습니다. 하지만 언어도, 문화도 서로 다른 나라의 남자와 여자가 만나서 가정을 이룬다는게 신기하면서 인상깊기도 하고, 뭐라고 할까요, 하여튼 그 사람과의 만남이 잊혀지질 않았습니다.

그 이후 1년이 지나서 저는 대학을 졸업했습니다. 졸업하지마자 저는 몽골에서 유명한 "Mongol News" 언론사의 "MN Today" 일일 신문사의 경제부에 취직했습니다. 거기서 기자 생활을 2년 동안 했습니다. 2000년 9월에 행사 취재로 우연히 한국을 방문할 기회가 있었습니다. 김포 공항에서 내리자마자 처음 본 한국 사람들도, 주변도 낯설지 않고, 왠지 한국에서 오랫동안 살아온 것 같은 느낌을 받았습니다. 그때는 가을이라서, 여러색의 옷을 입은 한국의 가을나무들이 참 아름답게 보였습니다. 아름다운 한국을 취재 하면서, 몽골에서 같이 온 사람들과 함께 설악산에도 가보고, 부산 바다에도 가보고 여기 저기 관광버스를 타고 많이 다녔습니다. 14일 동안의 한국 나들이가 제게는 잊지 못할 추억이 되었습니다. 지금의 남편을 처음 만난것도 그때였습니다.

솔직히 처음엔 결혼까지 할거라는 생각은 없었습니다. 저는 나이도 젊고, 하고싶은 것도 많았습니다. 하지만 몽골에 돌아가면서부터 서로 영어로 이메일을 주고 받으면서 몇 달 동안 지냈습니다. 그때 느껴지는게 바로 지금의 남편의 어린 아이와 같은 순수하고 진실이 담긴 마음이었습니다. 남편이 우편으로 선물과 예쁜 Xmas 카드도 보내주기도 하고, 저도 몽골에서 선물도 보내주고 그 사이에 서로가 많이 친해졌던 것 같아요. 그리고 항상 제게 써줬던 말이 있었습니다. '당신을 사랑한다고. 그리고 꼭 결혼하고 싶다고. 저를 믿어주면, 꼭 행복하게 해줄거라고' 그때 남편이 보내준 이메일을 제가 CD에 복사 해서 지금도 갖고 있는데 가끔 서운한 일이 생기면 꺼내가지고 보고 또 보는걸 좋아합니다.

이렇게 한국인 남편을 만나 서로의 사랑을 키워갈 것을 맹세하며, 2001년 1월 27일에 결혼식을 올리고 한국 – 몽골이라는 국제가정을 만들어 오늘도 잘 살고 있습니다. 하지만 우리가 서로 좋아하고 사랑해서 결혼했는데, '몽골에서 얼마나 먹고 살기 어려웠으면…' 이런 식으로 대부분의 사람들이 생각하셔서 그때마다 처음에 속상했습니다. 국제결혼 한다고 말하면, 주변 사람들의 말하는 태도가 싹 달라졌습니다. 사실, 처음에 몽골 출신이라고 하면 다짜고짜 '말 잘 타느냐'고 물어봤어요. 공부 많이 했다고 하면 '가난한 나라에서 공부라도 잘 해야지' 라고 하고, 한국음식을 잘 먹으면 '워낙 못 먹고 자라서 아무거나 잘 먹는다'고 하고요. 가깝게 지내던 사람들 입에서 그런 소리 들을 땐 정말 다 그만두고 돌아가고 싶을 때가 한두번이 아니었습니다. 그래도 저는 그렇게 나쁘지는 않고, '내가 한국말 잘하고, 한국생활 잘하면 그러지 않을텐데…' 라고 여겨왔습니다.

'누구든지 외국에 나가 살면 시선이 그럴 수 있겠다, 나만 그런 거 아니다' 이렇게 생각하니, 마음적으로 힘든 것은 없어졌습니다. 누가 뭐래도 '자가' 라는 내 이름, 그리고 우리만이 이뤄갈 수 있는 우리의 삶, 우리의 생활을 저는 무지 좋아합니다. 왜냐하면, 우리의 인생을 설명 할 수 있는 이유가 바로 우리이기 때문이라고 생각합니다.

국제결혼을 반대하는 사람들도 있습니다. 하지만 사람은 피부, 겉모습이 조금 다를 수 있어도 속은 같습니다. 생각 넓고 착한 외국인 많습니다. 국제결혼을 반대하거나 무시하는 시선은 삼가했으면 좋겠습니다. 똑같은 사람으로, 똑같은 세계인으로 봐줬으면 좋겠습니다.

세종대왕 플러스 나의 꿈

저는 지금 한국 땅에서 남~의 편이 아닌 영원한 내~편이신 사랑하는 우리 남편과 7, 8살이 된 개구쟁이 딸과 아들하고 행복하게 살고 있습니다. 사실, 현실로 받아들이는 결혼과정 속에서 행복하기도 했지만 그 때부터 몽골인인 저한테는 어려움의 시작이었습니다. 지금 생각하니 우리 남편도 많은 고생이 되었으리라 생각됩니다.

저는 한참 월드컵 열기로 전국이 뜨겁게 달아올랐던 2002년부터 우리 아이들을 양육 하느라 남들 말로는 집에서 밥만 하고 딱 5년 살았습니다. 오가는 곳은 일주일에 한번 들리는 교회, 그리고 시골에 계시는 시부모님 댁 밖에 없었습니다. 하지만 2007년부터 아이들을 유치원에 보낸 후 그 시간 동안 노인복지회관 식당에서 자원봉사를 조금씩 하기 시작했습니다. 처음엔 수료증, 자격증도 필요가 없는 점에서 편하기도 했지만, 하면 할수록 한국 사회에서 어렵게 살고 있는 이웃들을 돕고 싶은 따뜻한 마음이 생겼습니다. 자원봉사는 주는 것 보다 받는 것이 더욱 더 많은 것 같습니다. 한 마디로 외국에서 온 저에게 자원 봉사는 한국 사회에 나가는 첫걸음 이었습니다. 또한 한국에서 "직업이 없는" 저한테 한국에서 처음으로 할 수 있는 일도 자원봉사였습 니다. 봉사를 할수록 현재 내 상황에 맞는 자원봉

사를 찾으며 좀 더 장기적이고 도움이 되는 자원봉사를 할 수 있다는 자신감도 생겼습니다.

특히 대학원 공부를 시작하면서부터 결혼이주여성, 다문화가정들을 위해서 일하고 싶은 마음과 함께 자신감도 생겼습니다. 저는 2007년도에 평택대학교에 서 다문화가족 전문인력양성사업의 일환으로 제공되는 장학금을 받으면서 일반 대학원 사회복지학과에 입학을 했었습니다. 대학원에 다니면서 저의 부모님의 크신 은혜에 보답하고자 더욱 열심히 공부도 하였고, 저와 같이 타국 땅에서 생 활 하고 있는 결혼이주여성들도 만나 함께 공부했습니다.

사실, 저는 한국에 오면서부터 혼자서 모든 일을 해야하는 외로운 시기를 거 치면서 살아왔습니다. 대학원 공부 자체도 그랬었습니다. 타국에서 혼자라는 이 유만으로 많이 힘들었던 것 같습니다. 하지만 어떻게 보면 혼자서 모든 일을 해 왔기 때문에 저는 더 적극적으로 한국에서 생활 해오지 않았을까 생각이 됩니 다. 혼자라는 외로움이 저를 더욱 더 강하게 만들어주었고, 그래서인지 남들보 다 더욱 적극적이었고 어려운 상황에서도 돌파해 나가려는 의지가 남달라 남편 한테도, 항상 남자 같다는 얘기를 많이 듣습니다.

대학원을 졸업하면 결혼이주여성, 다문화가정들을 위해서 좋은 일을 많이 하 고 싶고, 저의 자신감도 기르고 싶습니다. 제가 지금 알고 있는 것을 바탕으로 열심히 노력 하겠지만 한국 사회에 나가려면 더 많은 것을 배워야하고, 기회가 어렵게 주어진다는 것도 잘 알고 있습니다. 하지만 그동안 제가 살아 온 경험으로

미뤄보아 남의 의견을 잘 귀담아 듣고 참고하면서 열심히 살고 싶습니다.

참고로, 드리고 싶은 말이 또 있습니다. 미국의 "타임지" 기자가 몽골을 취재하러 고비 사막에 갔다가 그만 모래밭에 빠지고 말았는데, 할 수 없어서 멀리 있는 몽골 전통 집 게르를 찾아가서 자동차를 빼내 달라고 부탁했습니다. 그런데 그 몽골인은 지금 텔레비전에서 한국 드라마 "대장금"을 하고 있기 때문에 드라마가 끝나는 30분 뒤에나 가겠다고 했답니다. 그 기자는 몽골에서 한류 열풍을 타임지에 자세히 보도했습니다. 이 뿐만이 아니라 561년 전 세종대왕의 백성사랑이 오늘날엔 온 세상 사람들을 위한 사랑으로 다시 태어나고 있다고 생각합니다. 온 지구촌을 한국어의 열풍으로 몰아넣었고, 우리 다문화가정에게도 삶의 대표 브랜드가 '한국어'가 되었다고 생각합니다.

졸업을 앞두고서 저의 발전과 함께 결혼이주여성, 다문화가정들이 안정된 삶을 살 수 있기를 바라며, 무엇보다 앞으로 한국사회가 다문화가정을 차별하지 않고, 다문화가 공존하는 선진 다문화사회를 이룰 수 있도록 다문화인식개선에 도전하고 싶습니다. 늘어나는 이주민에게, 날로 차갑게 대할까봐 걱정도 되지만, 저와 같은 결혼이주여성들과 다문화가정 모두가 자신의 능력을 발휘할 수 있는 기회를 놓치지 않고 단단하게 살아갔으면 좋겠습니다.

나담축제

나담축제는 옛날부터 전해오는 몽골에서 가장 큰 국가적인 전통축제입니다. 이 축제의 종합명칭은 'Eriin Gurvan Nadam'으로 '세 가지의 중요한 게임'이란 뜻으로 씨름, 경마, 그리고 활 쏘기 경기를 가리킵니다. 나담축제는 나라 전체에서 가장 강한 씨름 선수, 가장 빠르게 말 타는 사람, 가장 활을 잘 쏘는 사람들을 모아 그들의 용기와 힘을 시험하는 전통에서 유래되었습니다. 나담축제는 유목민과 전사로서의 자질인 용기, 힘, 도전의식, 승마, 활 쏘기 등을 테스트하기 위해 지금도 먼 곳에서 많은 유목민들이 이 축제를 보기 위해, 또는 경기에 참여하기 위해 울란바토르 시로 몰려듭니다. 나담축제 때 펼쳐지는 몽골 씨름은 1,000명 이상의 사람들이 참여하곤 하며 체급 구별이 없고, 16명이 동시에 경기에 참여하므로 경기는 빠르게 진행됩니다. 몽골 씨름의 기술은 제한이 없어서, 아무 곳이나 잡아도 되며 때로는 집어 던져도 됩니다. 또한 상대방의 무릎이나 팔꿈치가 땅에 닿을 때까지 경기가 진행됩니다. 활 쏘기 경기는 칭기즈칸 때부터 전해오는 전통적인 활 쏘기를 계승하고 있습니다. 시합에 참여한 사람들은 짐승의 힘줄, 나무, 뿔, 담뱃잎 등으로 장식한 활을 사용합니다. 남자들은 버드나무 가지와 독수리 깃털로 만든 화살을 75m 거리에서 40발을 쏘고, 여자들은 60m 거리에서 20발을 쏘며 과녁은 360개의 작은 가죽 고리를 벽에 걸어 사용합니다. 옛날 관습에 따라서 여러 사람들이 과녁의 좌우에 서서 전통가요를 부르며 경기참가자를 응원하고, 수신호로 결과를 표시해 줍니다. 경마 또한 유목민들에게 인기가 있어서 멀리서부터 자기의 가장 좋은 말을 직접 가져와 경기에 참여합니다. 15~30km 레이스로 펼쳐지는 경주를 통해 말과 기수의 인내력을 시험하는데, 기수로는 대략 6살 정도의 남녀아이가 탑니다. 경기는 말의 나이에 따라 구분되어지고 우승한 말에게는 머리에 우유를 부어주며 노래를 부르며 축하해 줍니다.

Сайн байцгаана уу?

Энэ номоор дамжуулан та бүхэнтэй уулзаж байгаадаа баяртай байна. Намайг Энхжаргал гэдэг 32нас хүрч байна. Дэлхийн Энх Тайвны Төлөө Гэр Бүлийн Холбооны гишүүн. МУИС-ийг 1999онд сэтгүүлч мэргэжилээр төгссөн. Солонгост ирээд 7жил болсон бөгөөд охин хүүтэй. Охин маань бага сургуулийн 1-р анги, хүү маань хойтон хавар бага сургуульд орно. Солонгост хүүхэд өсгөнө гэдэг амьдралын асар том сургуулийг дүүргэж байгаатай адил гэж би боддог. Гэсэн ч аав ээж маань намайг сайн хүн болгож хүмүүжүүлсний хүчинд энэ газарт ч амьдрах хүч, урам зоригтой байдагтаа баярлаж явдаг.

Одоо Пёнтег Дээд Сургуулийн нийгмийн халамжийн ангид суралцаж байгаа болно. Суралцах хугацаандоо орос, хятад, вьтнам зэрэг олон орны хүмүүстэй найз нөхөд болон дотно нөхөрлөж ирлээ. Миний хүсч мөрөөдөж явсан мэргэжилээс өөр болоод ч тэрүү заримдаа сонирхолгүй байдаг байлаа. Дээр нь байнга "Хосмол соёлт гэр бүлийн асуудал" гээд л бүгдийг эмзэг хэцүү гэж яриад байгаа юм шиг санагдаад шударга хэлэхэд таалагдахгүй зүйл олон байлаа. Энэ оны 8сараас Нудунбүд ажиллах болж гэр ажлын хооронд завгүй байх болсон. Гадаад ажилчдад ажил санал болгох, ажиллаж буй газраа өөрчлөх гэх мэт олон үйлчилгээ үзүүлдэг газар л даа. Харамсмаар юм нь энд ажиллаж буй солонгосчууд гадаад ажилчидтай их эвгүй харьцаж байдаг. Энэ байдлыг өөрчлөх хэрэгтэй гэж бодож байгаа. Энд ирж буй монголчуудтай төрлөх хэлээрээ ярьдаг болохоор асуудал гайгүй, харин бусад орны хүмүүстэй сурсан англи, солонгос хэлээ ашиглаад заримдаа бүр гар хуруугаа оролцуулаад ч болтугай ойлголцож тусалдаг . Нийгмийн халамжаар 2жил сурсан маань ч их нэмэр болж байх шиг. Та ч гэсэн магадгүй сурч байгаа бол, заавал эцсийг нь үзэж амжилтанд хүрээрэй. Та болон таны гэр бүл инээд хөөр, аз жаргалаар үргэлж дүүрэн байх болтугай. Ёсолсон Энхжаргал.

살아가는 가장 좋은 이유

알탕토야

참 아름다운 삶

몽골에서 유학생으로 한국에 온지 1년 4개월 정도 되었다. 현재 평택대학교 일반대학원 석사과정 4학기 차로 사회복지를 전공하고 있다. 처음 학교에 왔을 때 사람들은 '왜 사회복지를 공부하게 됐어요?' 라고 가장 많이 물어봤다. 몽골에서는 컴퓨터 학과를 졸업했지만 한국에서 사회복지를 공부하게 된 것에는 나름대로 이유가 있다. 몽골에서 대학을 졸업한 후에 국제 서비스센터에서 일을 하게 되었다. 그러나 시간이 거의 없어서 다른 사람들을 도와주지도 못하고 바쁘게 지내게 되자 마음이 너무 답답했다. 그리고 학교나 교회, 어느 곳을 가든지 길에서 보게 되는 가난한 사람들, 무슨 일이 있어서 그런지 너무 슬픈 모습으로 다니는 사람들을 볼 때 마다 그들을 도와주고 싶었으나 도울 수 없어서 마음이 답답했다. 그래서 마음 속으로 "하나님, 이 가난한 사람을 보고 계시지요? 하나님께서도 이 사람들을 사랑하시지요? 이 사람들이 가진 어려운 것들을 다 알고 계시지요? 이 분들을 도와주세요. 저는 이런 사람들을 도와주는 일을 하고 싶어

62

요."라고 기도를 많이 했다. 그래서 하나님께서 제 기도를 들어주셔서 사회복지를 공부하게 되었다. 다른 사람을 도와주고, 사랑해 주는 것이 살아가는 가장 좋은 이유인 것 같다.

나를 사랑하는 사람들이 있고,
나에게도 사랑하는 사람들이 있고,
앞으로 사랑해야 될 많은 사람들이 있어서 삶이 참 아름답다.

한국에서 알게 된 놀라운 사실들…

한국에 와서 알게 된 놀랍고 신기한 것들 몇 가지를 작성해 본다.

하나. 겨울에 눈이 내리기는 하지만 비와 함께 내리는 것이 너무 신기하다. 비가 와서 사람들이 우산을 사용하고 있는 그 모습도 너무 이상하고 놀라웠다.

둘, 한국의 겨울보다 몽골의 겨울이 훨씬 더 춥다. 그렇지만 겨울에 여자들이 양말도 안 신고 여름에 신는 신발과 거의 똑 같은 신발을 신고 다니는 것이 너무 이상했다. 어떻게 겨울에 여름 신발을 양말도 없이 신을 수 있을까? 정말 이해가 되지 않았다. 몽골에는 겨울이 되면 사람들이 옷을 얼마나 따뜻하게 입고 다니는지…. 요즘 나도 한국 여자들처럼 여름 신발같은 신발을 얇은 양말과 같이 신고 다니는데 가끔 괜찮기는 하지만 가끔은 너무나 추웠다.

셋. 한국에서 본 또 하나 놀라운 것은 나이 차이가 한 살이라도 많으면 언니라고 부르는 것이었다. 꼭 동갑이 되어야 친구가 되는 것이 이상했다. 몽골에서는 나이 차이가 1살, 3살이라도 친구가 될 수 있는데 한국에서는 그렇지 않았다. 물론 몽골에서는 나이 차이가 한살이라도 언니와 동생처럼 지낼 수 있기는 하지만 거의 그런 경우는 없고, 나이 차이가 많을 때에 언니라고 부른다. 또한 1980년 2월에 태어난 사람하고 1980년 3월이나 4월에 태어난 사람들은 동갑되어야 할텐데 2월에 태어난 사람들이 3월이나 4월에 태어난 사람들을 언니라고 부르는 것도 좀 이상했다. 그래서 한국에 처음에 와서 7개월이 지난 후에야 동갑 친구를 몇 명 찾았다. 그 전에는 동갑친구를 찾지 못했다.

넷, 한국에는 다양한 나무가 정말 많이 있는 것 같다. 한국에 와서 여러 가지 색깔을 지닌 나무들이 있어서 너무나 보기 좋았다. 몽골에 있는 나무들은 거의 다 푸른색인데, 한국의 나무 색깔은 다양할 뿐만 아니라 나무에 꽃이 피는 것도 너무나 놀라운 사실이었으며, 정말 아름다웠다. 아름다운 자연 속에서 특히 나무가 많이 있는 곳에서 뭔가를 생각하면서 천천히 걸어가는 것을 좋아해서 그런지 이러한 한국의 나무들이 너무나 마음에 든다.

65

몽골 전통 악기

우리나라에 전통 악기가 여러 가지 있는데 그 중 제일 유명한 악기 하나가 있다. 그 악기는 몽골 가족마다 거의 하나씩은 있다. 그 악기는 바로 마두금이며 몽골어로는 '모린 호르 (Morin Khuur)'라고 하는데 '모린'은 말을, '호르'는 음악을 뜻하는 언어이며 이름 뜻은 말 같은 악기 이다. 마두금은 위에 작은 말 머리 모양, 2개의 현이 있는데, 하나는 숫말의 말총 (말꼬리털) 130가닥으로 만들고, 다른 하나는 암말의 말총 105가닥을 엮어 만든다.

소리를 공명시키는 본체는 요즘은 나무로만 만들지만 예전에는 말가죽이나 양가죽을 씌웠으며 현을 켜는 활은 백마의 말총이 재료였다. 그러니까 마두금은 바로 말로 만든 악기라 해도 과언이 아니다.

여기서 보면 몽골 사람들은 말을 얼마나 좋아하는지를 알 수 있다.

Амьдрах хамгийн сайхан шалтгаан

Пёнтэг Дээд Сургуулийн нийгмийн халамжийн ангид магистраар сурч буй оюутан Алтантуяа байна. Анх солонгост сурахаар ирээд удаагүй байхад монголд програм хангамжийн анги төгссөн хирнээ "Яагаад нийгмийн халамжаар сурч байгаа юм бэ?" гэж олон хүмүүс асууж билээ. Яагаад нийгмийн халамжаар сурах болсон тухайгаа та бүхэнтэй хуваалцах гэж буйдаа баяртай байна. Сургуулиа төгсөөд сургуулийнхаа " Гадаад Харилцааны Алба"-д жил хиртэй ажиллах үедээ оюутан цагаас нилээд өөр бараг өдөр бүрийг завгүй өнгөрөөх болж, цаг зав гарган бусдад туслах ч завгүй өдөр хоногийг өнгөрөөх болов. Гудамжинд тааралдах ядуу хүн, юунаас болоод тэр юм бүү мэд их л гуниглан явах хүмүүсийг харах бүрдээ тэдэнд туслахыг хүсэвч чаддаггүй байлаа. Тэгээд дотроо "Ертөнцийн Эзэн минь, Та эдгээр хүмүүсийг харж байгаа биз дээ? Та тэдэнд хайртай биз дээ? Тэдний хүнд хэцүү асуудлыг мэдэж байгаа биз дээ? Би ийм хүмүүст тусалдаг ажил хиймээр байна" хэмээн олонтоо залбирсан. Бурхан миний залбирлыг сонсож би нийгмийн халамжаар сурч цаашид энэ чиглэлээр ажил хийх үүд хаалгыг нээж өгсөн юм. Бусдад тусалж, бусдыг хайрлах нь амьдрах хамгийн сайхан шалтгаан бололтой.

Намайг хайрладаг хүмүүс байгаа учраас

Надад мөн хайрладаг хүмүүс байгаа учраас

Цаашдаа хайрлах хэрэгтэй олон хүн байгаа учраас амьдрал үнэхээр сайхан.

Солонгост ирээд жаахан гайхсан зүйлс

-Өвөл цас бороо хамт орохход хүмүүс нь зоонтог бариад явж буй төрх яагаад ч юм жаахан сонин санагдаж байлаа.

-Монгол шиг тэгэж их хүйтэн биш боловч өвөл хүүхнүүд нь шилэн оймсон дээр дупель өмсөөд явахыг хараад мөн л их гайхлаа.

-Солонгост хүмүүс нэг насаар л ах бол эгч ах хэмээн дууддаг нь мөн л сонин санагдлаа.

-Солонгост мод үнэхээр олон төрөл зүйлээр ургадаг юм байна. Янз бүрийн өнгөтэй төдийгүй бас модон дээр цэцэг хүртэл ургах юм.

결혼이주여성 이야기

Vietnam
베트남

비가 온 후에 하늘이 더 맑아집니다

전정숙

나의 고향 베트남

베트남의 문화, 사회, 관광과 사람을 한국친구들에게 간단하게 소개하겠습니다.

베트남 Vietnam

위치 : 동남아시아

수도 : 하노이(Hanoi)

언어 : 베트남어

기후 : 아열대성

종교 : 불교, 가톨릭, 개신교 등

면적 : 32만 9315km²

정치 : 사회주의공화제

베트남 여행을 하시고 싶다고요?

베트남에 여행을 가보시고 싶으면 북쪽에서는 하롱베이를 권합니다. 국평산, 던죠도, 자고, 고도도 등이 있습니다. 베트남을 바다경계가 길어서 예쁜 해변이 많고 바다 음식이 싸고 맛있습니다. 또한 사랑시장이 사바에 있습니다.

남쪽에서는 다랏, 호치민, 다낭 ,구찌동굴 등이 있습니다. 제 개인적으로는 다랏을 제일 좋아합니다. 다랏 시티는 사랑스런 시티입니다. 날씨가 항상 가을 날씨처럼 시원하고 덥지 않고 너무 좋은 날씨입니다. 다랏에는 사랑하는 계곡, 바람호수 등이 있습니다. 경치가 너무 아름답습니다. 중간에 가보면 웬의 왕궁을 볼 수 있습니다. 흥강에 예쁜 여자들이 뭉(배이름)으로 관객들을 태워주고 따뜻한 목소리로 노래를 불러드립니다.

베트남에 여행을 가보세요. 친구의 마음을 따뜻하고 반갑게 해드릴 것입니다.

정직한 남편과 결혼

제 결혼이야기와 한국에서 사는 동안 겪고 힘들었던 일들을 한국 친구들에게 나눠주고 싶습니다. 혹시나 제 이야기를 통해서 도움을 받을 수 있는 친구들이 있으면 좋겠습니다.

저는 베트남에서 영어 선생님(중등학교)이었습니다. 제 친한 친구가 한국에서 돈을 벌기 위해서 2년 동안 일을 하고 한국남자와 결혼을 했습니다. 결혼한지 4년이 되고 딸을 하나 낳았어요. 어느날 그 친구가 저보고 한국남자와 결혼하고 싶은지를 물었어요. 그때 저는 외국 사람과 결혼하고 싶은 생각이 없었습니다. 그렇지만 제 친구가 편지와 사진을 보내주고 한번 만나보고 마음에 들면 결혼하고 마음에 들지 않으면 친구처럼 지내도 괜찮다고 말해주었어요. 그때 저는 외국친구가 있으면 재미있을 것 같아서 만나기로 했어요.

남편이 베트남에 첫 방문할 때 친구와 내 친구의 큰아주버님과 같이 왔습니다. 남편은 키가 작고 건강해 보이지 않아 저는 결혼할 생각이 없었습니다. 다행히 내 친구의 아주버님은 영어 선생님이었습니다. 우리들은 같이 여행하면서 어려운 점 없이 재미있게 놀았습니다. 베트남과 한국의 문화, 사람, 사회 등을 많이 이야기하면서 성격을 파악하고 사이좋게 놀면서 그분이 좋은 사람이라는 것을 알게 되었어요. 남편이 두 번째 베트남에 왔고 그때는 조카와 제 친구와 같이 우리의 결혼에 대하여 이야기했습니다. 대답을 하기 전에 제가 그 분에게 물어보았어요. "당신은 키가 작고 건강해 보이지 않은 것 같아서 당신이 담배를 끊을 수 있으면 결혼을 하고 담배를 끊지 않으면 결혼을 할 수 없습니다. 왜냐하면 남편이 건강하지 않으면 불안하니까요." 그때 저는 남편이 건강하지 않은 것 같은데 게다가 담배를 피우면 얼마나 나쁠지 생각했습니다. 하지만 남편의 대답은

이랬습니다. "사실은 결혼하고 싶지만 담배를 끊을 수 없어서 약속을 못 하겠습니다." 그분이 슬픈 얼굴로 저에게 대답했지요. 저는 그런 대답을 기다리지 않았지만 그 말을 듣고 결혼 결정을 했습니다. 왜냐하면 그분이 정직한 사람이라는 것을 알게 되었지요. 좋은 사람을 만나면 놓치지 말아야지라는 생각만 했습니다. 건강이나 돈에 대한 생각은 전혀하지 않고. 만약 다른 사람이라면 베트남에 2번이나 방문하고 친구와 조카까지 데려와서 돈도 많이 썼기 때문에 결혼해야겠다는 마음으로 왔을 겁니다. 만약 그렇다면, 그런 대답을 하지 않았겠죠? 지금 생각하면 그때 그런 판단을 한 제가 매우 자랑스럽습니다. 남편과 결혼한 지 7년째입니다. 하지만 한 번도 후회 없이 행복하게 결혼생활을 잘하고 있습니다. 잘 살고 있습니다. 지금은 7살 난 아들이 하나 있으며, 지금 두 번째 아이를 임신 중에 있습니다.

언젠가 어머니의 마음이 열리길 기다리며...

하지만 제 인생이 항상 행복하고 잔잔한 바다같 지는 않았습니다. 한국에 오기 전, 저는 우리 신랑 이 8남매 중에서 막내인 것을 알았으나 시어머니와 함께 같이 살기로 했습니다. 시어머니와 사는 생각 만 해도 너무 기뻤습니다. 왜냐하면 한국에는 엄마  가 없기 때문에 시어머니를 엄마처럼 생각하며 같이 살면 행복할 줄 알았기 때문이지요.

저는, 한국에 가면 처음부터 시어머님을 "엄마"라고 불러야겠다고 신나게 생각했어요. 하지만 어머님을 뵈었을 때 "엄마"라고 부르니까 어머님께서 좋지 않은 표정으로 "엄마"가 아니고 "어머님"이라고 불러라 하시고 딸과 아들은 "엄마"라고 부르지만 며느리는 "시어머니"나 "어머님"이라고 부른다고 말씀해 주셨어요. 그때 제 느낌이 좋지 않았고 제 입장을 어렴풋이 알았지만 그래도 노력하고 희망을 가지고 살았습니다. 시어머님을 내 엄마로 만들어야지라는 마음을 다짐하면서요.

"어머님이 어렵고 무서운 분이라도 내 마음을 아신다면 나를 사랑할거야." 그런 생각을 가지고 어머님을 진심으로 사랑하고 고맙게 생각했습니다. 하지만 한국 문화와 베트남 문화는 차이가 많아 너무 어려웠습니다.

한국에서 남자는 위이고 여자는 아래에 있습니다. 우리 어머님은 연세가 많으시고 옛날 사람이기 때문에 저는 너무 힘들었어요. 우리 집에서는 맛있는 음식은 우리 남편이 먹고 여자들은 남는 음식과 찬밥을 먹습니다. 처음에 저는 이런 문화를 몰랐지만 지금은 한국 문화는 여자보다 남자가 우선이라는 것을 알게 되었고, 나중에 저도 제 며느리를 그렇게 가르칠 거예요. 만약, 찬밥을 먹어야할 경우 찬밥을 먹고 싶지 않으면 볶아먹으면 되니까요.

베트남은 더운 나라여서 매일 매일 목욕을 해야 합니다. 저는 하루에 한번 목욕을 합니다, 한국에 와서도 똑같은 습관으로 매일 목욕을 했습니다. 하지만 한국은 목욕문화가 달랐고 이 문제로 우리 어머님께서 화가 나셨는데 저는 무슨 말씀을 하시는지 몰랐어요. 물론 얼굴과 행동을 보면 대충 알지만 한국말을 모르니 어머님께서 왜 화를 내시는지 전혀 몰랐어요. 나중에 조카가 (영어 선생님) 놀러와서 설명해주어서 알게 되었지요. 저는 너무 속상했고 물 데우는 가스비 때문에 목욕도 못했습니다. 집에서는 모든 것 즉, 빨래 방법, 청소방법, 설거지하는 방법 등이 어머님께서 하는 방법을 따라 해야 합니다. 어머님께서는 연세가 많고 기계를 사용하지 못 하시지만 꼭 어머님의 방법을 따라야 했기 때문에 저는 아기처럼 아무것도 할 수 없는 것처럼 느껴졌어요. 너무 답답하고 속상했습니다.

　매일 매일 베트남에 계신 엄마가 보고 싶어 울었고, 남편이 회사에서 퇴근하는 시간만 기다렸어요. 임신 때문에 먹는 것도 마음대로 먹지 못했는데… 저의 따뜻한 마음을 어머님께서 조금이라도 알아주시면 얼마나 좋았을까요?

　그때를 생각하면 지금도 눈물이 나요. 어떤 날은 집에서 뛰쳐나와 길에서 비를 맞고 울었습니다. 비가 오니까 아무도 내가 우는 것을 알아채지 못할 것이라는 생각만하고 하루 종일 길에서 울었지만 어디로 가야 하는지 몰랐습니다. 어머님께서는 저한테 화가 많이 나셨죠. 저는 그래도 남편에게 이야기하지 않았어요. 왜냐하면 언젠가는 어머님 마음이 열리길 기다리고 있었기 때문입니다. 아무튼 이런 이야기를 하자면 시간이 많이 걸릴겁니다. 저는 나중에 더이상 참지 못하고 남편보고 같이 죽자고 말을 했습니다. 밥을 못 먹고 병원에 가서 영양제 주사를 맞았습니다. 다행히 아주버님들, 형님들과 우리 남편은 너무 좋은사람들이기 때문에 저를 편하게 해주었습니다. 시간이 지나고 지금 생각해보니 "그때 왜 내가 그랬을까?"라는 생각이 듭니다. 삶을 살면서 고통스러운 순간도 무사히 지나가고 나중에 생각하면 그때의 일이 별 것 아닌 것 같아 우스운 경우가 많습니다. 어머님과 같이 사는 동안 속상한 것도 많고 답답한 것도 너무 많았지만 저는 항상 노력하고 좋은 생각만 하고 싶었습니다. 가끔은 나쁜 짓을 하고 싶었지만 아주버님들과 형님들, 그리고 우리 사랑하는 남편이 생각나서 그럴 수 없었습니다. 그분들은 저에게 항상 좋은 것만 해주시는데 저는 그분들의 엄마에게 나쁜 짓을 하면 안 될 것 같았기 때문이지요. 그래도 저는 항상 어머니께 고맙고 사랑한다는 말을 하고 싶습니다. 저의 사랑하는 남편을 낳아주시고 저에게 좋은 사람들을 만나게 해주셨으니까요. 세상에서 이것보다 더 좋은 선물이 어디에 있겠어요. 지금 우리 집은 돈도 많지 않기 때문에 베트남 오빠와 언니들을 도와주고 싶지만 그럴 수 없습니다. 그래도 우리는 씩씩하고 행복하게 살고 있습니다. 우리 어머님께서는 지금 병원에 입원해 계십니다. 저는 어머님께 "어머님 빨리 회복하셔서 오래 오래 편안하게 사세요."라고 말씀 드리고 싶습니다.

저는 지금 평택대학교의 통계학과와 사회복지학과에서 공부하고 있으며, 열심히 공부해서 제 꿈을 이루고 싶습니다. 제 꿈은 저와 같은 결혼이주여성들을 도와주는 일입니다. 저는 그분들에게 "비가 온 후에 하늘이 더 맑아집니다."라고 어려운 일도 견디고 이기라고 말하고 싶습니다.

한국에 와서 만난 여러 명의 외국 친구들을 보면 마음이 너무 아픕니다. 그래서 그 분들을 도와 통역이라도 해 주고 싶습니다. 이러한 저의 꿈을 이루기 위해 공부하고 싶었습니다. 하지만 공부라는 것이 돈도 많이 들고 시간도 많이 필요해서 쉽게 할 수 없었습니다. 더욱이 우리 집은 돈이 많지 않았습니다.

그런데 다행히 저에게 기회가 왔습니다. 평택대학교 다문화가족센터를 통해 저를 대학부에서 공부할 수 있게 해 주셨거든요. 제 꿈을 이룰 수 있도록 도와주신 분들과 평택대학교와 다문화가족센터에 고맙다는 말을 하고 싶습니다.

# 베트남의 '설날'

　베트남은 다문화사회입니다. 베트남은 낑 족과 여러 소수민족들(54민족)이 같이 삽니다. 그래서 베트남의 전통문화도 다양합니다. 하지만 베트남에서 '설날' 명절문화는 특별합니다. 여러 민족들이 공통적으로 명절을 지냅니다. 베트남에서 설날이 오면 온 나라가 10일정도 쉽니다. 설날이 오기 전에 온 가족사람들이 명절을 준비하는데 바쁩니다. 집집마다 다시 고치고 예쁘게 하고 집안에 복숭아와 마이꽃 가지와 조상의 사당을 장식합니다. 집도 깨끗하게 하고 이불, 옷 등도 다 빨래하고 새 옷도 준비합니다. 음식도, 간식도 여러가지 준비해서 손님들에게 대접합니다.

　그리고 지난해와 새해의 과도기 시간이 되면 집집마다 불꽃놀이를 하고 첫 방문의 손님을 기다립니다. 왜냐하면 올해 내내 우리 집이 복을 많이 받을 수 있는지, 받을 수 없는지를 기다리기 때문입니다. 첫 손님이 우리 가족과 서로 궁합이 맞으면 올해 우리 가족이 행복하고 나쁜 일이 일어나도 해결할 수 있다고 생각하기 때문입니다. 그래서 요즘은 설날이 오기 전에 집과 궁합을 잘 맞는 사람들 먼저 찾고 부탁을 합니다. 설날이 오면 서로의 집 방문을 권유합니다. 설날의 첫 밤이 오면 사람들이 절과 교회에 가고 봄에 나오는 새싹들도 꺾어주고 집에 가져옵니다. 많이 가져올 수 있으면 그 해 복과 돈을 많이 생긴다는 뜻입니다. 또한 베트남에서도 세뱃돈을 줍니다. 하지만 한국과 달리 나이가 더 적은 아이들과 할머니들에게만 세뱃돈을 많이 줍니다. 설날에 친척과 이웃과 동요들은 집에 방문하고 같이 식사와 간식을 함께하며 좋은 말로 축하해줍니다.

Chào các bạn !

Mình là Trần thị Thuý (tên Hàn là Jun Jung Sook).Rất vui vì được làm quen và giới thiệu với các bạn về Việt Nam đất nước và con người ,cũng như cuộc sống của mình ở Hàn quốc .

Việt Nam là một đất nước tươi đẹp , nhiều tài nguyên khoáng sản, danh lam thắng cảnh nhiều vô cùng.

Rất mong các bạn đến thăm Việt Nam. Đi du lịch các bạn hãy đến thăm vịnh Hạ long, bảo tang văn hoá .lịch sử ở khắp nơi miền bắc ,miền nam, miền trung ,thăm lăng Bác ở Hà nội. địa đạo Củ chi, thung lũng tình yêu ở Đà lạt , thành phố Hồ Chí Minh , đi ăn đồ biển ở Nha trang, vũng tầu , kể ra thì không thể nào hết .Các bạn hãy tự mình thám hiểm , các bạn sẽ thấy rất thú vị . Các bạn hãy đến Việt nam .Việt nam rất hân hạnh được đón các bạn.

Mình đến Hàn quốc được gần 7 năm rồi .Cuộc sống của mình rất hạnh phúc ,mình không có nhiều tiền , cũng chẳng có vẻ đẹp bề ngoài ,nhưng mình có hai con trai xinh xắn ,một người chồng tốt ,hiền lành ,có học thức và giầu tình cảm. Nhưng để có được cuộc sống này mình cũng đã trải qua rất nhiều khó khăn vất vả , đến mức chỉ nghĩ đến mình đã muốn bật khóc. Song mình cũng vượt qua được và luôn cảm ơn mẹ chồng vì bà đã đẻ cho mình một người chồng tốt thương yêu vợ con, và giúp mình gặp được các anh ,các chị đều là những người rất tốt , đã giúp đỡ mình rất nhiều trong cuộc sống ở nơi xa quê hương ,xa gia đình này . Nếu có những chuyện khó khăn hãy kế với bạn bè cho nguôi ngoai,.Chúng mình đã quyết định kết hôn với người nước ngoài thì việc gặp khó khăn là điều tất nhiên ,.nhưng cho dù có khó khăn đến đâu cũng hãy cố gắng giữ gìn gia đình mình vì đó là hạnh phúc và đó là cuộc sống mà chúng mình đã lựa chọn. Mong rằng các bạn luôn hạnh phúc .

.Hiện tại có rất nhiều gia đình kết hôn quốc tế đang sống rất hạnh phlúc tại Hàn quốc và có rất nhiều người chồng sau khi kết hôn quốc tế rất tự tin khi nói rằng mình đã thành công khi quyết định kết hôn với người nước ngoài . Rất nhiều người nước ngoài thành đạt ở Hàn quốc , kinh doanh giỏi nuôi dạy con ngoan .Chúng ta hãy cùng nhau cố gắng để trở thành người hạnh phúc trên đất nước Hàn .Và để trong mắt mọi người dân Hàn cũng như mọi người thân ở quê hương chúng ta là những người thành công Chúc các bạn hạnh phúc và thành đạt trong cuộc sống .

꿈을 꼭 이루세요

방시벽아

나의 고향 베트남

저는 베트남에서 온 유학생 방시벽아라고 합니다. 2005년에 한국에 처음 와서 충남의 홍성에 있는 청운대학교에 입학하였습니다.

한국에 오기 전에 하노이 국립대학교에서 동방학부 한국학과를 졸업했습니다.

한국어를 좀 알고 왔는데도 처음엔 모든 것이 낯설고 힘들었습니다. 룸메이트 언니가 절 환영하기 위해 소고기 볶음을 해줬는데 그 맛있는 음식을 못 먹었습니다. 어제 이 시간에는 식구들과 같이 있었는데 지금은 혼자서 모르는 사람과 같이 먹고 있다고 생각하니 눈물이 펑펑 쏟아져 나왔습니다. 사실은 베트남공항에서 우리 부모님과 인사를 다 하고 나서 혼자가 되었을 때부터 이상한 느낌이 들었습니다. 걱정스럽고 두렵고 외롭고 엄청 울고 싶었지만 부모님께 그렇게 약한 모습을 보여주고 싶지 않아서 계속 참았습니다. 그러나 비행기 타기 전에 결국 혼자 화장실에 가서 울었습니다.

다행히 룸메이트 언니가 그런 감정을 이미 경험해 보았으므로 많은 이해와 위로를 해주었으며 학교생활도 자세히 안내해 주었습니다.

한국말을 좀 알고 왔지만 처음에는 의사소통 때문에 스트레스를 받았습니다. 사람과 사람이 서로 이해하고 교류할 수 있는 중요한 수단은 언어이기 때문에 의사소통이 되지 않으면 오해가 발생할 수 있습니다. 하지만 저는 제 이름부터 문제였습니다. 제 베트남 이름 'Nga' 은 베트남에서 아름다운 이름입니다. 그래서 한국 친구에게 당당히 제 이름을 소개했습니다. 그런데 의외로 다들 많이 웃었습니다. 이유는 'Nga' 라는 이름 발음은 '응아' 거든요. 아기들이 '응아(변)' 하는 것과 같은 발음입니다. 그래서 한국 친구들은 가끔 '응아' 나 '응가' 라고 놀렸습니다.

제가 말씀드리고 싶은 것은 새로운 나라에 가면 여러가지 힘든 일이 있으므로 새로운 출발을 위해서 열심히 노력할 필요가 있다는 것입니다.

2006년에 홍성 YMCA에 봉사하러 가서 베트남 이주여성을 처음 만났습니다. 이주여성들을 위한 한국어 교실이었으므로 한국어 배우는 과정을 도와주었으며, 이주여성 언니들과 많은 얘기도 나누었습니다. 이런 기회를 통해 이주여성과 다문화에 대해 보다 더 알고 싶어져서 청운대학교 졸업한 후 평택대학교 사회복지학과 다문화전공으로 입학했습니다. YMCA에서 한국어 보조를 강사하면서 평택대학교에 다녔습니다.

저는 국제결혼을 한 이주여성 언니들을 보면 참 대단하다고 생각됩니다. 한국어를 잘 몰라 스트레스를 받고, 한국 요리, 문화, 시댁 가족, 시부모님 모시는 것, 잘 알 수없는 남편 성격… 그리고 며느리로서 아내로서 역할들…. 이렇게 어렵고 힘든 가운데서도 잘 극복하고 며느리 역할, 아내 역할, 엄마 역할을 해 내기 때문입니다. 전혀 모르는 한국에 입국할 때도 대단한 용기를 내어야 하고, 한국 생활에 적응해 나가는 데에는 더 많은 용기와 노력이 필요합니다.

처음엔 김치도 매워서 못 먹었지만 시간이 지나고 나서 저도 모르게 김치없으면

밥맛이 없다고 느껴졌습니다. 음식 뿐만 아니라 기후, 날씨에도 서서히 적응해 나갔습니다. 제가 아는 언니는 한국에 온지 2년 되었는데 아기를 낳은 후 남편과 같이 베트남에 갔는데, 모처럼 만난 친정식구와 3개월을 보내고 한국에 오겠다고 생각했는데 1개월도 채 지나기 전에 한국이 그리워서 (베트남 남쪽 날씨가 좀 덥대요) 부모님과 인사하고 다시 한국에 왔다고 합니다.

결혼이라는 결정은 중요한 결정이고 인연이 없으면 부부가 될 수 없다고 믿었습니다. 한국 사람과 결혼하여 한국 생활에 만족하고 행복하게 사는 사람도 있고, 불만족하여 불행한 사람도 있습니다. 그러나 어차피 성인으로서 선택한 결혼이므로 한국 생활에 잘 적응하고 행복하게 사셨으면 좋겠습니다. 그리고 처음 시집와서 어려워하는 사람들을 도와주고 격려해주세요. 꿈을 잊어버리지 마시고 항상 꿈을 가지고 그 꿈을 꼭 이루시길 바랍니다. 꿈을 가지고 노력하시면 반드시 이루어질 것입니다. 제가 아는 언니 중에서 한 분은 베트남에서 미용실을 했었는데 한국에 와서도 미용사로 일하고 싶었습니다. 그러나 한국은 미용사 자격증이 없으면 못하기 때문에 미용학원에 가서 다시 등록하고 자격증 시험을 쳤습니다. 그러나 한국말로 된 필기시험이 어려워서 계속 떨어졌지만 꼭 하고 싶은 일이어서 포기하지 않고 지금도 끝까지 노력하고 있습니다. 한국 사람이 할 수 있는 일이면 외국인도 잘 할 수 있다고 결심을 하고 열심히 미용 공부하는 언니를 보고 큰 감동을 받았습니다.

저도 언니처럼 열심히 사회복지 공부를 해서 좋은 사회복지사가 되고 싶습니다.

여러분, 아직도 후진국인 베트남이 선진국으로 발전할 수 있도록 많은 도움을 주시길 바라며, 그 꿈을 이룰 수 있도록 함께 노력합시다.

여러분!! 여러분 사랑합니다.

베트남에서 쌀국수는?

베트남 쌀국수는 베트남을 대표 가장 일반적인 음식이다. 북부의 하노이에서 주로 애용되던 음식이지만 현재는 베트남 어디서나 쉽게 맛 볼 수 있는 음식이며, 지역마다 약간의 차이를 보인다. 아침, 점심, 저녁에 관계없이 먹을 수 있는 음식으로 라임, 고추, 숙주, 향채 등이 곁들여 나오며, 고추 소스를 입에 맞도록 적당히 넣어서 먹으면 된다. 소고기가 들어간 쌀국수는 '퍼보'와 닭고기가 들어간 쌀국수 '퍼가'가 있다. 중부 지방은 후에와 매콤한 '분 보 후에'가 유명하며, 메콩델타의 미토지역은 '후 띠에우'란 국수로 유명하다.

>> 퍼가

>> 퍼보

>> 분 보 후에

>> 후 띠에우

Chắp cánh những ước mơ

- Phương Bích Nga-

Có rất nhiều khó khăn và thử thách chúng ta cần phải vượt qua để xây dựng cuộc sống hạnh phúc mà chúng ta mong muốn.

Hình ảnh chị em phụ nữ nhập cư đã và đang nỗ lực vì tương lai tươi đẹp đã trở thành một hình ảnh đẹp trong lòng mọi người.

Các chị hãy xây dựng cho mình ước mơ và đừng từ bỏ ước mơ của mình. Chắc chắn cùng với sự nỗ lực không ngừng thì ước mơ đó sẽ trở thành hiện thực.

Tôi hy vọng cộng đồng người Việt Nam, đặc biệt là chị em phụ nữ nhập cư hãy đoàn kết, tương thân tương ái, cùng nhau hướng tới hạnh phúc dài lâu.

Xin chúc tất cả mọi người hạnh phúc và thành đạt.

결혼이주여성 이야기

러시아권

지역사회적응과 사회활동

김갈리나

내 고향 카자흐스탄은 …

카자흐스탄 Kazakhstan

위치 : 중앙아시아

수도 : 아스타나(Astana)

언어 : 카자흐어, 러시아어

기후 : 대륙성기후

종교 : 이슬람교, 러시아 정교, 가톨릭, 유대교, 기독교 등

면적 : 272만 4900km²

카자흐인들은 15세기경부터 민족을 이루어 살았으며, 주로 유목생활을 하였다. 19세기에는 제정 러시아가 영토를 확장하기 시작했는데, 카자흐스탄은 볼셰비키 혁명 이전까지 러시아 차르의 지배하에 있었다. 제정 러시아의 몰락 후 잠시 독립국가로 있었으나, 1920년에 소비에트 연방(소련)에 편입되었다. 1936년

에는 소비에트 연방의 한 공화국이 되어 소비에트 연방(소련)에 편입되었으나 소비에트 연방(소련)이 해체되자 1991년에 독립을 선언하였다.

카자흐스탄은 세계에서 9번째로 큰 나라이며, 면적은 한반도의 13배가 된다. 카자흐스탄의 대부분의 지역은 평야로 이루어졌으며, 서쪽에는 카스피해가 위치해 있고, 동쪽은 산악지역으로 이루어져 있다. 남쪽지역은 건조 기후에 속한다.

주요도시는 1998년에 새로 수도가 된 아스타나와 이전에 수도였던 알마티를 들 수 있다. 카자흐스탄은 제조업보다는 원유와 가스 등 수출의 90% 이상을 천연자원에 의존하고 있다. 현재 GDP는 1인당 8,000달러 정도이며 천연자원 개발 등으로 경제가 급성장하고 있다.

인구는 약 1,500만 명이며, 그중 한민족(고려인)은 10만 명 정도이다. 인구 구성을 보면 카자흐인이 53.4%, 러시아인이 30%, 우크라이나인이 3.7%, 우즈베크인이 2.5%, 독일인이 2.4%, 위구르족이 1.4%, 고려인이 0.5% 그리고 폴란드인, 불가리아인, 벨라루스인, 약간의 중국인 등이 기타 6.6%에 해당되며 이러한 100여개의 소수민족이 모여 살아가고 있다.

언어는 카자흐어와 러시아어가 공용어로 사용되며, 도시지역의 카자흐인의 경우 러시아어를 모국어로 사용하는 사람이 있다. 우크라이나어, 벨라루스어, 독일어, 우즈백어, 키르기스어, 페르시아어, 영어, 기타 등의 언어도 사용되고 있다.

종교는 이슬람교 47%, 러시아 그리스 정교 44%, 개신교 2%, 기타가 7%에 해당된다. 한편 이슬람교를 믿는 카자흐스탄 사람들은 종교의 영향으로 돼지고기를 먹지 않는다.

카자흐스탄의 유명한 작가로서는 10세기에 철학·과학·수학에 관한 수많은 저술을 남긴 아부나스르 알 파라비가 있다. 1904년에 사망한 아바이 이브라김 쿠난바예프는 유명한 문필가로 알려지고 있다. 현대에 뚜렷하게 나타나는 작가로는, 시인 잠불 자바예프와 극작가 무흐타르 아우에조프를 꼽을 수 있다. 한편, 아직도 서사적인 민요시와 서정시를 낭송하는 전통이 여전히 남아있기 때문에 카자흐스탄에는 많은 예술·연극 학교가 있으며, 알마티에는 국립 미술관이 위치하고 있다.

나는 광야를 넘었다

저는 카자흐스탄에서 태어나 사범대학교를 졸업하고 5년간 학교에서(카자흐스탄에는 초등학교, 중학교, 고등학교 종합으로 있음) 상담 교사생활을 했습니다. 카자흐스탄에 있는 고려인들은 우리 조상들의 후손이요, 독립운동가들의 후손입니다.

9년 전, 카자흐스탄에서 남편을 만나 한국에 대한 꿈과 행복을 안고 한국행 비행기를 탑승했습니다. 비행기를 탑승하는 순간부터 나의 가슴에는 행복과 설레임 속에 눈물이 흐르기 시작했습니다. 원래 눈물이 많았기에 그동안 어렵게 생활했던 어린 시절과 지금까지의 생활이 생각나 눈물을 안 흘릴 수가 없었습니다. 한국 도착 안내 방송이 나오자 저는 마음속으로 생각했습니다. 이제부터 시작이다. 카자흐스탄에서의 어려웠던 시절을 모두 잊어버리고 이제부터 남편과 함께 행복한 생활을 한국에서 다시 시작하자 마음먹었습니다.

한국에 오자마자 많은 친척, 이웃들과 하나님의 축복을 받으며 결혼식부터 올렸습니다. 그러나 남편은 카자흐스탄에서 사업에 실패하면서 가진 거라고는 몸밖에 없었습니다. 고향 홍성에 내려와 직업을 구하려니 마땅한 곳이 없어 부모님으로부터 2천만 원을 빌려 혼자 서울로 상경하여 직장을 구하려다 사기꾼을 만나 2천만 원을 모두 날려버렸습니다. 저는 시골 시댁에 혼자 있으면서 서울 간 남편은 돌아오지 않고, 소식도 없어 시댁 식구들과의 어색함 속에서 마음이 우울하고 고향 생각이 나기 시작했습니다. 내가 이러려고 이곳에 왔던가, 혼자 방문을 걸고 울기 시작했습니다.

얼마 후 남편이 내려오자 부모님께서는 그런 저희들 모습 보기가 마음이 아팠는지 따로 나가 잘 살라고 분가시켜 주었습니다. 작은 단칸방에서 행복을 찾으며 아기도 생기게 되었습니다. 행복도 잠시, 임신하면서부터 남편이 이상한 행동을 하기 시작 했습니다. 머리도 자주 아프고 밤에 잠자다 일어나 헛소리도 하고 심지어는 화장실도 못 찾아 옷장에 실수도 하였습니다. 남편은 대장에 이상이 생겨 그런가보다 하여 대장전문 병원에서 대장수술도 하고 입원실에 있는 중에도 현기증을 일으키며 쓰러지려는 모습을 보고 의사선생님은 신경외과에 가서 C.T 촬영을 해 보라고 했습니다. 그곳으로 옮겨 촬영한 결과, 부모님을 빨리 모시고 오라는 것이었습니다. 부모님이 오시자 남편 모르게 대답해주셨습니다. 머리에 커다란 혹이 발견 되었다는 것입니다. 종합병원으로 빨리 후송하여 수술하라는 것이었습니다. 아버지께서는 그렇게 큰 혹이 생겨서 희망이 없어 보였는지 마지막으로 밥이나 한번 사주고 싶었던 모양이었습니다. 자장면이나 먹고 출발하자며 식당으로 데리고 갔습니다. 이렇게 급한 상황에서도 여유 있게 행동하는 것을 보면 한국 사람들 빨리 빨리 생활 습관도 이제는 없어지는 것 같았습니다. 남편은 속도 모르고 자장면 한 그릇을 훌쩍 먹어치우고 가자고 나섰습니다. 앰블런스에 올라 침대에 눕는 순간 나의 가슴은 엉엉 울기 시작했습니다.

임신 4개월째 나에게는 청천벽력과 같은 일이었습니다. 돌이킬 수 없는 이 순간 어찌하면 좋을까? 왜 나에게는 인생살이가 이렇게 엮어질까? 갑자기 돌아가신 친정어머니가 생각나 눈물도 흐르고 앞날이 캄캄했습니다. 결혼 한지 7개월, 임신 4개월이 되어 남편이 대학병원으로 실려 가다니 생사조차 알 수없는 길이기에 또 다시 눈물이 흘렀습니다. 남편을 대학병원으로 옮겨 머리를 깎고 M.R.I 촬영 결과 신경성 종양이라는 것이었습니다. 한국에서의 꿈이 이렇게 무너지는 것인가 상상하기조차 싫어졌습니다. 남편이 수술대에 올라 수술실로 들어갈 때 다시는 못 볼 것 같은 예감에 눈물이 흐르기 시작했습니다.

저는 밖에서 기도하기 시작했습니다. 하나님 우리 남편 살려주세요. 우리 아이, 우리 남편 한 가족이 되어 행복하게 살게 해주세요. 4시간 예정으로 수술이 시작되었으나 4시간이 다 되어도 아무런 소식도 없었습니다. 혹시 수술이 잘못된 게 아닌가 가슴 졸이고 있는데 수술실 앞에 설치된 전광판에 수술시간이 연장된다는 소식이 전해오자 좀 안심이 되었습니다. 그런데 갑자기 울음이 터지고 말았습니다. 수술 전 남편이 한 말 때문이었습니다. 남편이 한 말은 시부모님이 계신 앞에서 "아버지, 어머니 죄송합니다. 저희 둘은 결혼했지만 이제 수술 들어가면 어찌될지 모르니 만약 잘못되면 사랑하는 갈리나, 카자흐스탄 고향으로 보내주세요!"라고 말하면서 고개를 숙였습니다. 내가 어떻게 이곳에 왔는데 카자흐스탄으로 보내라니 눈물이 왈칵 쏟아졌습니다. 나의 뱃 속에는 새 생명이 숨 쉬고 있는데 이 또한 어찌할까? 의사들은 수술은 연장 되었지만 성공적으로 마쳤다고 하였습니다. 그 순간 "하나님! 감사합니다"라고 속으로 외쳤습니다. 그리고 하나님께 약속했습니다. 제가 지금까지 살아오면서 하나님을 믿고 살았지만, 앞으로는 하나님을 의지하고, 봉사하며 살겠습니다.

　남편은 14일간 중환자실에서 발작증세로 인해 온몸을 끈으로 묶어 꼼짝도 못하게 하였고 대소변을 받아내야 했습니다. 옆에서 지켜보는 저의 마음은 환자보다 더 아팠습니다. 그러다 저도 온몸에 붉은 반점이 생기고 가려움에 참을 수가 없어 긁어 부스럼으로 온몸에 상처가나고 피가 흘렀습니다. 임신 중독에 걸린 것입니다. 나의 몸이 가렵고 상처가 나도 그래도 병원에 있었습니다. 중환자실은 겪어보지 못한 사람은 모릅니다. 마음대로 들어가지도 못하고 밖에서 지켜보면서 울어야합니다. 식사 시간만 잠깐 면회, 그것도 식구들 찾아온 손님들 면회하려면 나 또한 남편 보기가 힘듭니다. 그래도 살아주어 얼마나 감사한 지 모릅니다. 사람 구실을 할지는 지켜봐야 되겠지만 카자흐스탄 고향으로 되돌아가지 않게 된 것만으로도 행복했습니다. 중환자실에서 다시 회복실로 옮겨져 남편 곁에서 지켜보게 되었습니다. 남편의 얼굴과 숨 쉬는 모습을 지켜 볼 수 있어 마음이 놓였습니다. 임신중독이 되어 나 또한 피부과 치료를 받으며 남편 간병까지 너무나도 고통이 심했습니다. 남편은 점점 상태가 좋아져 걷기까지 하여 36일 만에 퇴원하게 되었습니다. 병원에서 시어머니와 함께 생활하며 고통을 같이 나누었기에 지금도 시어머니께서는 저에게 너무도 잘해주십니다.

그 때 병원에서 많은 것을 배웠습니다. 일반 생활에서 사용하지 않는 단어들을 알게 됐습니다. 신랑은 고생 끝에 병원에서 퇴원하고 한참동안 재활치료를 받았습니다. 그리고 나서 4개월 후에 아들을 낳았습니다. 남들은 아이가 뱃속에 있을 때가 더 편하다고 하지만 나는 아까 말했듯이 임신중독증 때문에 아이를 낳아서 키우는 것이 더욱 편하고 즐거웠습니다. 아이의 작은 옹알이가 너무 사랑스럽기만 했습니다.

아이 돌 때, 동화책 60권을 구입했습니다.

남편 몰래 돈을 쓰고 혼날까봐 걱정을 했습니다. 그리고 공부를 해보자고 크게 마음을 먹었습니다. 처음엔 동화책을 2장 밖에 못 읽었습니다. 한글은 생각보다 너무 힘들었습니다. 그래도 열심히 읽고 들으면서 연습을 했습니다. 아들이 학교에 입학해서 엄마가 한글도 모르는 사람이라고 창피해 할까 봐 열심히 노력을 했습니다.

현재 남편은 정상적으로 건강이 회복되어 직장생활 잘하고 그때 임신해서 걱정했던 아이는 건강하게 태어나 유치원 졸업반입니다. 이제 우리 가정은 어려움에서 벗어나 행복한 가정을 꾸리며 잘 살고 있습니다.

"한국에서 발견한 나의 길"

산모 도우미에서부터 시작

2005년도에 사회복지관에 발을 내딛게 되면서부터 한국에서 나의 삶은 새롭게 전개되었습니다. 우연히 지역신문에 복지관에서 외국인들을 위해 프로그램을 시작한다는 작은 기사를 발견하였습니다. 호기심 반으로 곧 바로 복지관을 찾아갔는데 기관

선생님께서 따뜻하게 맞이해 주셨습니다. 상담을 받고 그 다음 주부터 프로그램에 참석하기 시작하였습니다. 프로그램 중 외국인들을 위한 한글 교실에도 참석하고 싶었지만 아들이 유치원에서 돌아오는 시간이어서 수강할 수가 없었습니다.

하루는 용기를 내어 복지관 상담 선생님께 사회에 나가 일을 하고 싶다고 말하였습니다. 선생님께서는 산모 도우미 교육을 무료로 실시하니 교육을 받고나면 일자리를 알선해 주겠다고 하셨습니다. 순간적으로 깊은 생각에 빠졌습니다. 교육을 받게 되면 말 뜻과 강의 내용을 제대로 알아 들을 수 있을까? 그러나 결심을 했습니다. 한번 해보자, 도전해 보자. 세상에 안 되는 일은 없다. 생각을 바꾸고 나니 강의내용이 힘들지 않았습니다. 15일 간의 교육을 즐겁고 재미있게 마치고 며칠 후 복지관에서 산모 도우미 요청이 들어와 한국에서의 첫 번째 일을 하게 되었습니다. 난생 처음 해보는 일이라서 마음이 두근두근 거렸습니다. 산모에게 솔직하게 말했습니다. "저는 외국인이고 처음으로 해보는 일이라서 일이 서툴러도 넓은 마음으로 이해해주세요. 최선을 다하겠습니다." 산모는 걱정하지 말라고 오히려 나를 달래주며 배려해주어 감동받았습니다. 항상 남을 배려하며 살아야겠다는 것을 다시 한번 깊이 느낀 날이었습니다.

2007년 충청남도에서는 다문화시대를 맞아 각 나라별로 홍보대사를 선발하였는데, 카자흐스탄 홍보대사로 선발되었습니다. 그 후 매년 충남도청 회의실에 모여 다문화가정의 어려운 문제와 대책을 토론해오고 있습니다. 홍보대사로 선발되어 하는 일은 별로 없지만 기분만은 짱입니다. 다른 홍보 대사들도 같은 마음일 것입니다.

그렇지만 다른 다문화가정을 보면 힘든 결혼생활을 하는 가정들도 참 많습니다. 부부사이에도 언어의 소통이 잘되지 않아 욕설이나 마음의 상처를 주는 언어폭력, 신체적 폭력까지 일삼고 있어 한국사회의 폭력은 좀 심각한 것으로 느껴졌습니다. 현재 거주하는 있는 지역의 가정폭력 상담소에서 잠시 일한 적이 있었는데 상담 받으러 오신 다문화가정의 이야기를 들어보면 정말 한숨만 나왔습니다. 머나먼 국경을 넘어 결혼은 했지만 가정의 행복을 느끼지도 못하고, 남편은 일도 안하고 술에 만취해 심한 욕설과 육체적인 폭력을 한다는 것이었습다. 고향으로 돌아가고 싶다며 울음을 터뜨리는 것을 보고 너무나 안타까웠습니다. 어느 다문화 가정에서 이런 전화가 걸려온 적이 있었습니다. "야, 소장 바꿔! 너희들이 뭔데 남의 가정에 간섭이야! 폭력을 하든 욕을 하든 무슨 상관이야" 쌍스런 욕을 퍼부으며 협박까지 하였습니다. 어느 가정에서는 내가 너를 얼마주고 사왔는데 라며 마음에 상처를 주고 노예처럼 일만 시킨다고 했습니다.

실은 우리 집도 예외는 아닙니다. 의사소통은 잘되지만 문화적인 차이가 있어 아직까지는 어려운 점이 많습니다. 민주주의와 공산주의의 문화적 차이 때문에 가끔 남편과 다투기도 합니다.

번역과 통역까지

지금까지 홍보대사를 하면서 보람 있었던 일이 한 가지 있습니다. 현재 거주하고 있는 지역에 국립의료원이 있는데 러시아에서 선진 의료기관에 견학을 온다는 것이었습니다. 그래서 홍보대사로서 팜플렛 번역과 통역을 부탁 받았습니다. 번역하는데 의료용어가 많아 어려웠지만 남편의 도움을 받아 팜플렛 책 한권을 번역하였고 러시아에서 손님들이 오셨을 때에는 통역을 멋지게 해냈습니다. 행사를 마치고 참여했던 도 의원, 군 의원, 의료원장 외 모든 분들이 박수와 함께 "감사합니다" 라는 인사를 하셨습니다. 정말 감격적이었습니다. 새로운 삶의 목적을 발견한 듯이 흥분되었으며, 비로소 한국에서 나의 존재감을 깊이 경험하였습니다. 외국인이라는 편견 때문에 소외된 기분이었는데 박수와 격려 한마디에 대한민국이 아름답게 보였고, 세상이 새롭게 눈에 들어오기 시작하였습니다.

평택대학교 대학원 진학

한국에서 더 큰 꿈을 이루기 위해 못다한 공부를 다시 시작하기로 마음을 가졌습니다. 때마침 평택대학교 사회복지학과에서 대학원생을 모집한다는 소식에 좋은 찬스라 생각했습니다. 그러나 남편과 아이의 문제 때문에 남편과 상의를 해야만 했습니다. 남편은 허락했지만 아이의 교육 때문에 걱정이 되었습니다. 통학거리가 학교까지 2시간정도 소요되는 먼 거리였기 때문입니다. 수업을 끝내고 집에 오면 11시, 참으로 힘든 일이었습니다. 아이에게는 너무나 미안한 마음이 들었습니다. 학교 끝나고 집에 와서 혼자 있어야 되고 남편이 야간근무 하는 날이면 남편이 회사로 데려갔다가 수업 후 내가 다시 데려와야 했습니다. 열심히 공부하다가도 남들이 "그렇게 공부해서 무얼 하려고…" 라는 소리를 들으면 당장 집어치우고 싶은 마음이 들기도 했습니다. 그러다가도 강의 시간에 교수님들의 따뜻한 말 한마디에 공부는 다시 시작되고 즐겁기만 합니다. 한국에서 공부할 수 있도록 밀어주시는 모든 분들께 감사드리며, 특히 밤늦게 까지 저희들을 보살펴주시고 가르쳐 주시는 교수님들께 진심으로 감사드립니다.

엄마에게 쓴 편지

아들 김민수(8세)

엄마, 엄마가 공부하는걸 느꼈어요.

앞으로 더 열심히 공부하고 꼭 사회복지사가 되세요.

그래서 우리를 보호해주세요.

앞으로 내가 더 열심히 공부해서 엄마를 실망시키지 않을께요.

어른이 돼서 꿈을 만들고 엄마를 보호해드릴께요.

그리고 나중에 결혼을 해서 행복하게 살께요.

엄마 생일날(3월 29일)에 생일 선물을 사드릴께요.

엄마, 사랑해요.

민수 올림(8세)

카자흐스탄의 손님 접대법

'다스타르한(Dastarhan)'은 카자흐스탄 대대로 전해오는 전통 손님 접대법이다.

먼저, '시아야크'라는 차를 따른 후에 크림, 잼, 생과일, 쿠키, 사탕 등을 곁들인다.

첫번째로 말고기, 양고기등 육류가 제공되는데 여기에 마유주, 전병, 양젖 같은 유제품이 함께 나온다.

이어서 야채와 쿠키가 나오고 육류의 간, 꼬리 등을 볶은 '쿠이르다크(Koordak)'를 먹게 된다.

그리고 잠시 휴식을 취한 후, '삼사(Samsa)'라는 고기 만두와 '푸크테르메트(Puktermet)', '카우시르마 삼사(Kausyrma samsa)'라는 밀부침을 먹는다.

그리고 메인코스인 '베스바르막(Besbarmak)'이 테이블에 오른다. 먼저 밀전병 위에 삶은 양고기를 얹고 육수를 뿌린 후에 파슬리 같은 향초로 마무리를 한다. 가장 귀한 손님에겐 '코이바스(Koi bas)'라는 삶은 양머리의 고기를 접대한다. 모임 중 가장 높은 사람이 고기를 직접 썰어서 나눈다.(골반, 종아리는 가장 귀한 손님에게, 갈비는 며느리에게, 목뼈는 기혼 여성에게 접대한다).

베스바르막을 먹고 나면, '투즈딕(Tuzdik)'이라는 카자흐스탄 전통국수로 마무리를 한다.

Ким Галина

Казахстан

9 лет назад при довольно комедийных обстоятельствах я встретила свою вторую половину. Буквально за месяц решились все формальности и я в качестве невесты вместе со своим женихом прибыла на Корейский полуостров.

Родственики мужа, уставшие от ожидания, когда же наконец женится их второй сын, были рады, увидев меня. Потом была свадьба золовки, через неделю наша и началась семейная жизнь!

После краха бизнеса за границей мой муж некоторое время не мог найти место в обществе, пытался наладить свой бизнес, но снова потерпел неудачу. Точно как в русской пословице«Пришла беда-отворяй ворота!» Неудача одна за другой сыпались на наши головы и под конец муж заболел. Диагноз был страшный- опухоль в левом полушарии головного мозга. Я сама была тогда на 4 месяце беременности, но несмотря ни на что с первого дня пребывала с мужем в больнице. Наша мать, не выдержав больничного режима, через 2 недели вернулась домой, а я как верная жена была с мужем до дня выписки из больницы. Сейчас, спустя 9 лет, я вспоминаю те дни с одной стороны как страшный сон, а с другой- как время моей закалки. Пройдя с моим мужем такое испытание, все остальное в жизни мне кажется пустяком.

Наш сын Минсу уже втроклассник, с родителями и родственниками мужа у меня очень хорошие отношения. За прошедшие годы я многому научилась, можно сказать, освоила жизнь заново, но уже будучи матерью, женой и снохой.

Образование, полученное в Казахстане, мне удалось продолжить. 2 летняя учеба в магистратуре не прошла бесследно. Появились новые знакомые, друзья, благодаря этому я и написала этот рассказ.

Через полгода будет 10 лет как я вышла замуж и приехала жить в Корею, время пролетело быстро и думаю, что вся предстоящая жизнь будет лететь так же стремительно и счастливо.

С уважением к вам Ким Галина.

부지런한 사람이 성공합니다

최스베트라나

우즈베키스탄은...

우즈베키스탄 Uzbekistan

위치 : 중앙아시아

수도 : 타슈켄트(Tashkent)

언어 : 우즈벡어, 러시아어

기후 : 대륙성기후

종교 : 이슬람교, 동방정교 등

면적 : 44만 7400km^2

저는 우즈베키스탄에서 온 Tsoy Svetlana(최스베트라나)예요.

2002년에 국제결혼으로 한국에 오게 되었어요. 저희 친정 쪽이 고려인이어서 그런지 시어머님을 만났을때 너무나 기뻤습니다. 역사적인 의미가 있는 고향으로 다시 돌아와 살 수 있다는 사실이 얼마나 마음을 벅차게 했는지 모릅니다.

우즈벡인들은 오아시스에 도시를 만들어서 살고 있습니다. 우즈베키스탄의 기후는 사막 산악지형이므로 겨울은 한국의 겨울과 비슷하지만 여름은 섭씨 +40~+50도로 매우 뜨겁고 건조합니다. 이런 기후 때문인지 햇빛이 너무나 강해서 야채나 과일들이 아주 맛있고, 달콤하며 향기롭습니다.

제가 한국에 처음 들어올 때는 장마철이었어요. 여름인데도 불구하고 초록 나무가 무성하였고, 비도 자주 오니까 마음이 상쾌해서 너무나 신기했어요. 그래서 한국은 제게 아주 좋은 첫 인상이 되었답니다.

한국 문화 접하기

우즈베키스탄에서는 구소련 당시 러시아어가 국어이기 때문에 주민들은 모두 러시아학교에 다녀야했고, 러시아어만 배울 수 있었어요. 고려인 할머니, 할아버지들은 한국어를 알고 계셨지만 젊은이들은(고려인 3세, 4세인들) 대부분 러시아어만 할 수 있었어요. 그래서 저는 한국에 시집 올 때 한국말을 전혀 몰랐으며, 친척도 없었고 정다운 친구들도 별로 없어서 매우 답답하고 외로웠어요. 한국은 역사적인 고향이지만 키워준 문화와 풍습이 다르기 때문에 처음에는 어려움이 많았어요. 게다가 오자마자 임신하여 심한 입덧 때문에 고생했어요. 특히 한국음식이 입에 맞지 않아 어렸을 때 먹었던 음식들이 너무나 그리웠어요. 한국음식을 제대로 먹지 못해 항상 배고팠는데 밤에 꿈속에서 어릴 적에 엄마가 해주셨던 반찬을 보고 잠에서 깨어나 엄마가 보고 싶고, 슬퍼서 자주 울었어요.

인생은 원래 나쁜 때가 지나면 좋은 때가 오고, 좋을 때가 지나면 또 힘든 시절이 와요. 제 인생도 늘 그랬어요. 그래서 힘들 때마다 엄마가 보고 싶고, 고향으로 가고도 싶지만 계속 참고 기운을 내고 열심히 살아요. 그래야 좋은 때가 또 오지요.

출산 그리고 힘든 연년생 키우기

한국에 와서 제일 힘들었던 것은 첫째 아이 출산 때였어요. 제 신체가 작은데다 3.6kg의 큰 아기를 자연분만 하여 낳았기 때문에 허리가 엄청 아파서 소리를 막 지르고 정말 그 날 죽을 뻔했어요. 그런데 제일 행복했던 날은 바로 그 다음 날이었어요. 아기가 태어나자 그 때부터 이 세상에서 제가 가장 행복하고, 우리 아들이 가장 똑 똑하고 예쁜 아기인 것 같았기 때문입니다.

그래서 아기한테 해 줄 수 있는 것은 다 해 주었고, 사 줄 수 있는 것은 다 사 주었으며, 정말 기쁘고 자랑스러웠어요. 그런데 나도 모르게 갑자기 또 임신 2개월째가 되었어요. 피임을 하면 99%가 성공한다고 하더라도 1%는 실패할 수도 있잖아요. 그 1%의 실패였나 봐요. 솔직히 말하면 우리 엄마도 저와 친오빠를 연년생으로 낳으셨어요. 엄마는 우리가 태어난 후 3~4년 동안 너무 힘들어서 악몽처럼 보냈다고 말씀하셨어요. 그래서 저한테 결혼하기 전에 연년생을 절대 낳지 말라고 하셨어요.

그런데 이 세상에 사는 것이 자기 마음대로 되지 않습니다. 친정과 시댁에서는 이미 생긴 아기니 낙태를 시키지 말라고 당부하셨어요. 그래서 이번에는 예쁜 딸을 낳았으면 좋겠다고 생각을 했는데 또 아들이었어요. 그 때는 시어머님하고 친정어머니하고 직장에 다니셔서 산후조리를 도와주시지는 못하셨고 말로만

"힘 내라고, 기다려 보라고, 살다보면 좋은 일도 생긴다고" 그러셨어요. 어쩔 수 없이 몇 년 동안 고생하며, 밤마다 너무 지쳐서 또 울게 되었어요. 연년생이어서 정말 쌍둥이를 키우는 것처럼 엄청나게 힘들었어요.

한국어 배우러 다니기 시작

그 당시에는 노무현 대통령 임기였는데 국내 저출산 문제로 새로운 법이 나왔어요. 그래서 2006년부터 저렴한 원비를 내고 우리 애들을 어린이집에 보낼 수 있었어요. 그것은 제 생활에 큰 도움이 되었어요.

왜냐하면 저 같은 외국여성들은 자녀들을 키우면서 한국말이 서툴러서 자녀 양육이 너무 어려워요. 그럴 땐 아이를 어린이집에 빨리 보낼수록 좋은 것 같아요. 그때부터 저는 아침에 아이를 어린이집에 보내고 "결혼이주여성 한국어교실"에 다니기 시작 했어요.

한국어교실에서는 한국어뿐만 아니라 한국요리 만들기, 문화, 국사, 컴퓨터도 배울 수 있어서 매우 흥미로웠어요. 또한 일상생활에서 자녀들을 양육할 때 꼭 알아야 되는 부분들이 많아서 배울수록 더 배우고 싶었습니다.

평택대학교 석사과정 입학

그 다음 해에 평택대학교에서 수도권 특성화 대학으로 다문화전문인력 양성 과정의 특혜가 있어서 외국인 몇 명이 장학금을 받으면서 다문화가족복지 전공으로 공부 할 수 있게 되었어요. 친구를 통해서 이 놀라운 소식을 알게 되었는데 얼마나 기뻤는지 몰라요. 이것은 하늘에서 내려준 행운과 같은 복권이 아닐까라는 생각이 들었어요. 제 꿈을 이룰 수 있는 기회를 절대로 놓칠 수가 없었지요. 집에 있는 모든 구비서류를 가급적 빨리 준비하여 대학교에 접수했어요. 제겐 한국에 올 때부터 꿈이 하나 있었어요. 저와 같은 국제결혼을 한 사람들이 이렇게 멀리까지 온 것은 고생하러 오는 것이 아니라 자국에서 보다 더 잘 살고 싶어서 한국에 오게 되지요. 저는 시집은 멀리 왔지만 고향에서처럼 좋은 회사에 다니고 좋은 일하고 "나답게" 살고 싶었어요. 그런데 한국에서는 우즈베키스탄에 있는 경제대학교를 졸업한다고 해도 교육체계가 달라서 한국에서 더 공부하고, 시험보고, 자격증을 취득해야 고향에서만큼 취직 할 수가 있어요. 저는 이런 꿈을 이룰 수 있는 기회를 포착한 것이지요. 서류 관련 여러 과정을 거친 후 마지막으로 인터뷰를 하고 나서 드디어 합격되었어요.

만세!!! 만세!!!

대학원 생활 그리고 더 큰 꿈들

지금은 대학원 2학년차 학생으로 학교에 다니고 있지만, 제가 예쁜 꿈 속에 있는 것 같이 아직도 안 믿어져요. 대학원생이 되어서 마음이 너무 뿌듯하여 더욱더 열심히 공부하고 있어요. 현재는 대학원뿐만 아니라 "결혼이주여성 한국어교실"에 다니면서 "한국어능력시험"을 준비하고 있어요. 그리고 여성인력개발센터(YWCA)에서 "다문화강사" 과정도 배우고 있습니다.

주말에는 "외국인노동자 한국어교실"에도 다녀요. 여러 곳에 다니며 공부를 하니까 여기저기 새로운 친구들이 많이 생겨서 아주 좋아요. 이제는 옛날처럼 외롭지도 않고, 답답하지도 않아요.

앞으로 평택대학교를 졸업해서 봉사활동도 하고 외국인복지관에서 상담, 통역도 해서 저 같이 멀리에서 온 사람들한테 봉사를 하고 싶어요. 특히 러시아어를 사용하는 외국인들에게 한국어를 배울 수 있도록 제가 도와줄 수 있었으면 좋겠어요. 이제는 또 다른 큰 꿈들이 자꾸 생겨나요. 부지런한 사람이 언젠가는 성공한다는 말을 믿으며 열심히 열심히 살고 있지요.

"여러분도~ 파이팅!"

우리 남편 이야기

　한참 월드컵 열기로 전국이 뜨겁게 달아올랐던 2002년 6월에 우즈베키스탄이라는 머나먼 나라에 살고 있던 최스베트라나를 처음 만났습니다.
　처음 본 순간 '내 생에 저렇게 아름다운 여인을 아내로 맞이할 수 있을까?' 라는 반문을 제 스스로 했습니다.

　그러나 현실로 받아들이는 과정 속에서 행복하기도 했지만 그 때부터 어려움의 시작이었습니다. 지금 생각하니 아내도 많은 고생이 되었으리라 생각됩니다. 두 사람이 자라온 환경이 다르기 때문에 성격과 문화 그리고 언어의 차이가 두꺼운 벽이었으며 그중 언어가 가장 심각한 문제였습니다. 간단한 생활영어로 어느 정도의 의사소통은 이루어졌으나 우리나라가 영어권도 아니고 일상적인 모든 것이 한국말로 이루어진 한국문화였기 때문에 얼마 되지 않아 어려움에 직면하게 되었습니다. 한국문화를 강요 할 수도 없고 그렇다고 환경이 다른 우즈벡 문화를 고집하며 살도록 내버려두기도 불가능 했습니다.

　서로를 인정하고 배려하는 방법이 최선인 것은 두말할 나위도 없을 터이지만 말처럼 쉬운 것이 어디 있겠습니까? 사실, 서로 간에 마음 상하게 하고 다투었던 일도 많았지요. 한 예로 집안에 어떤 행사가 있을 때 아내와 구체적인 상의 없이 본가의 부모님과 먼저 얘기가 된 후 진행하려던 차에 아내가 강력히 항의한 사례도 자주 있었습니다. 그래서 지금은 가능한 모든 사실을 아내에게 미리 알리고 일을 진행하려고 노력한답니다.

　자녀 양육하는 방법에도 서로 이견이 있었지요. 우리는 사내아이가 둘이 있는데 아기 때부터 한국말만 하도록 강요했습니다. 이유는 처음부터 여러 나라 말을 접하면 헷갈려 할까 봐 걱정이 앞섰기 때문입니다. 물론 아내는 자연스럽게 구사할 수 있는 러시아 말로 의사소통을 하는 것이 당연하다고 생각했습니다. 5~6년이 지난 지금은 조금 후회를 하고 있습니다. 아니, 제 아내가 많이 실망하는 것을 보고 무척 미안했습니다.

제 아내는 외모의 첫인상으로 추측했던 여린 성품과는 전혀 다른 강인하고 남성적이며 모진 성격을 가지고 있습니다. 그러니까 전형적인 고려인이 맞습니다. 매사에 적극적이고 어려운 상황에서도 돌파해 나가려는 의지가 남달라 가끔씩 놀라곤 한답니다.

앞으로 아내가 대학원 공부를 열심히 할 뿐만 아니라 같은 처지에 있는 다문화 가정을 위해 많은 봉사를 하며 그들이 살아가는데 소중한 밑거름이 되어 주기를 바랍니다.

우즈베키스탄 문화탐방

　세계에서 가장 웅장하고 아름다운 이슬람교의 건축물을 우즈베키스탄의 부하라/ 히바/ 사마르칸트에서 접할 수가 있다.

　대부분의 기념비적인 모스크사원/ 첨탑/ 모슬럼(영묘)/ 수도원은 티무르왕 시대까지 거슬러 올라가며 화려하고 눈부신 중세풍의 장관이라는 평가를 받고 있다.

　우즈베키스탄의 민속예술은 복장/ 무기/ 보석/ 뜨개품/ 수장식/ 양탄자같이 반 유목적인 생활에 맞는 이동 가능한 것에 많이 나타난다.

　우즈벡 남자들은 보통 나이든 남자들이 코트를 여미기 위해 사용하는 밝은색의 띠(길게 누벼만든)를 제외하고는 어두운 색의 옷을 입는다. 거의 모든 남자들이 검은색에 사면에 하얀색으로 수를 놓은 두건을 쓴다.

　우즈벡어가 우즈베키스탄의 공식어이지만 러시아어가 여전히 정부나 학교에서 사용되며 타지크어가 사마르칸트나 부하라에서 사용된다. 하지만 2007년 부터는 우즈벡어를 공용어로 사용하게 되었다.

«Век живи, век учись!»

Рассказ Светланы Цой «Век живи, век учись!» отражает жизнь женщины – иммигрантки, которая вышла замуж за жителя Южной Кореи, со всеми трудностями идости жениями в адаптации к корейскому обществу, местной еде, корейскому языку.

Автор надеется, что этот материал будет востребован среди тех, кто планирует или уже начал свою семейную жизнь с иностранцем, а также среди тех, кого окружает постоянно растущее многонациональное общество Кореи.

행복한 우리 가족

김마리나

새로운 나의 안식처 한국

안녕하세요. 저는 김마리나라고 합니다. 저는 우즈베키스탄에서 태어났고 10년 전에 러시아에 이사 갔습니다. 한국에는 관광으로 처음오게 되었습니다.

제가 고려인 4세대이기 때문에 한국에 대한 관심이 많아서 노력 끝에 오게 되었지요. 저는 한국 사람들이 어떻게 살고 있는지 한국 이미지는 어떤지 무척 궁금했습니다. 그 후 저는 일 년 동안 한국에서 일했어요. 짧은 기간만 한국에서 일하고 일본으로 갈 계획이었는데, 그때 우리 남편을 만났습니다. 친구들의 모임 있어서 같이 갔는데, 우리 남편도 친구들하고 왔어요. 처음에는 결혼 생각이 없었는데 남편과 저는 몇 번 만나고 보니 서로 사랑의 감정이 생겼습니다. 결국 연애기간 10개월만에 결혼을 했습니다. 결혼식은 한국에서만 올렸습니다. 처음에는 러시아에서도 결혼식을 할 계획이었지만 절차가 너무 복잡해서 하지 않기로 결정했습니다.

나의 한국생활 적응기

처음에는 어려움이 많았습니다. 한국 음식도
먹을 수 없었으며 언어도 몰라 의사소통도 안됐
습니다. 결혼 초에는 부부가 같이 일을 하였으
므로 남편도 일을 많이 도와줘서 고마웠습니다.
요리도 가르쳐주고, 집안 일도 도와주며 한국
생활을 어떻게 해야 하는지 가르쳐주었습니다. 그래서 한국에서 생활하는 것에
대한 스트레스를 덜 받았습니다.

제가 2년 동안 회사에 다니다 그만둔 후 1년 동안 이것저것 많이 배웠습니다.
한국어도 배우고, 집 근처에 있는 편의점에서도 조금 일하고, 집에서 컴퓨터도
배웠습니다. 그러던 중 2007년에 임신하여 예쁜 우리 아들을 낳았습니다.

아기를 낳고 3개월 동안 집에만 있으며 몸조리
를 했습니다. 손주도 보고 저의 산후조리도 돕기위
해 어머니가 러시아에서 오셨는데 지금도 같이 살
고 있습니다. 저는 우리 남편에게 고맙다고 말하고
싶습니다. 어머니는 혼자 살고 계셨고 제가 외동딸
이기 때문에 남편은 꼭 우리 어머니를 모시고 살겠다고 이야기합니다. "재민이
아빠 감사하고, 사랑해요!!!" 그리고 시부모님한테도 감사한 마음 전하고 싶습
니다. "아버님, 어머님, 좋은 아들 낳아 주셔서 감사합니다. 건강하게 오래
사세요!"

저한테 제일 소중한 분은 친정어머니입니다. 제가 2008년에 평택대학교에 입
학하였는데 그것도 어머니 아니면 못했을 겁니다. 아기 낳고 조금 여유가 생기
면 공부할 생각을 하였지만, 이렇게 빨리 입학한다는 것은 생각도 못했습니다.
어머니께서 "마리나, 너는 한국에서 살고 있고 아기도 낳고 한국에 너의 가족이

있으니 공부하는 것이 어떻겠니? 대학교를 찾아봐라."라고 하셨습니다. 그래서 인터넷도 보고, 다른 많은 사이트를 뒤져보고 칼리나 선배를 알게 됐고, 평택대학교를 알게 되었습니다.

지금도 저는 어머니께 이렇게 말씀드리고 싶습니다. "어머니 고마워요. 저를 낳아주시고, 제 앞길도 열어주셔서… 든든하게 저를 도와주는 어머니가 계셔서 정말 고맙습니다. 우리 아들 키워 주시느라 힘드시지만 오래오래 건강하게 사셔야 해요. 어머니 사랑해요. 제가 나중에 돈 많이 벌어서 여행도 보내드리고 효도할께요." 라고 말입니다.

다음에는 우리 시부모님 이야기입니다.

저의 시아버님, 시어머님은 저희 결혼사진 찍을 때 금혼식 사진을 찍으셨는데 무척 좋아 보이십니다.

러시아에서는 같이 결혼 후 50년 동안 같이 살면 금혼식이라 하고, 결혼 후 25년 동안 함께 살면 은혼식이라 합니다. 그리고 다이아몬드 결혼식은 결혼 후 60년 동안 함께 사는 경우를 말하죠. 재미있죠? 아마도 한국에서도 은혼식, 금혼식 이야기가 있는 것 같습니다.

아무튼 저의 사랑하는 가족과 함께 찍은 사진을 보고 있으면 정말 행복합니다.

받은 사랑을 다른 사람들을 위해 베풀기를 소망하며

저는 아직도 한국말 쓰기가 어렵습니다. 이렇듯 아직도 한국생활의 여러 면에서 어려운 점이 있지만, 많이 배우고 노력하면 점차 나아지고 나중에는 모든 것이 좋아지리라 믿습니다.

제가 평택대학교를 졸업하면 좋은 일자리를 찾을 수 있을 것이며, 우리 아기도 사회에서 꼭 필요한 사람으로 키울 것입니다. 특히 우리 가정을 행복한 가정으로 만들기 위해 지금과 같이 열심히 노력하겠습니다. 또한 한국에서 제가 할 수 있는 만큼 많이 배우고 이를 바탕으로 활동함으로써 다른 사람들도 행복하게 살 수 있도록 도와주고 싶습니다.

이러한 모든 과정을 통해 저는 진심으로 "우리 교수님들 감사합니다!!!" 라고 말하고 싶습니다. 학교에서 다문화 관련 특별한 프로그램을 실시하여 저희들에게 이렇게 공부할 수 있도록 해 주시고, 그로 말미암아 꿈도 이룰 수 있고, 한국 사회에서 꼭 필요로 하는 사람들이 될 수 있도록 기회를 주셔서 감사합니다.

사랑하는 남편의 글

안녕하십니까 ?

저는 김마리나 남편입니다. 우리는 국제결혼을 했지만 다른 사람들의 경우와는 조금 다르게 연애결혼을 했습니다. 친구들이나 가족들이 처음에 국제결혼을 한다고 하니 이상하게 생각했습니다. 그러나 지금 제가 행복하게 살고 있는 모습을 보고는 너무 좋아합니다.

저는 국제결혼 뿐 아니라 어떤 결혼도 서로가 행복하면 된다고 생각합니다.

국제결혼을 한 다른 몇몇 부부들이 서로 적응을 못하고 이혼을 하는 것을 보고 걱정을 하며 다른 시각으로 보곤 합니다. 다른 결혼도 그렇지만 국제결혼은 부부가 서로 이해해주고 양보하고 배려 해주면서 상대방의 좋은 점을 보려고 노력해야 하는데, 이와 반대로 사람들은 서로 좋지 않은 것만을 보고 생각해서 이혼을 하게 됩니다. 따라서 당사자인 여자와 그 나라 사람들은 한국이라는 나라를 좋지 않게 보게 되는 것입니다.

같은 나라 사람들이 만나 결혼을 하더라도 서로 성격이 맞지 않아 싸우고, 경제적 문제로 다투고 결국 여러 일들이 이유가 되어 헤어지는데 하물며 문화도 다르고 언어도 다르고 모든 환경이 다른 두 나라 사람이 만나서 결혼하여 사는데 안 싸울 수는 없지요. 하지만 서로 양보하고 이해해주며 서로를 존중하고자 노력하면 행복한 가정을 가꿀 수 있으리라 믿습니다.

지금도 제 아내의 말에 의하면 밖에 나가서 사람들과 대화를 하다 보면 상대방이 다른 나라 사람이라고 무시하는 경우가 많다고 합니다. 우리나라 사람들이 한국 말을 잘하는 것이 당연하듯이 다른 나라 사람들이 한국말에 서투른 것이 당연한데, 언어가 서툴다고 무시하는 것에 저는 너무 화가 납니다. 얼마나 많이 배우고 얼마나 잘 살기에 다른 나라 사람이라고 무시하고 속이는 것입니까? 이런 일을 보면 벌써 저의 아들이 커갈 앞날이 걱정이 됩니다. 이런 사람들이 없어야 우리 아이들이 행복하고 즐겁게 살 수가 있을 것 같습니다.

저의 아내도 이렇게 다른 시각으로 보는 사람들이 싫어서 더욱 열심히 배우고 노력하고 있습니다. 그래서 학교도 다니고 모르는 것이 있으면 알려고 노력하고 다른 동료들이 모르면 알려주면서 열심히 생활하고 있습니다.

이러한 아내의 모습을 보면서, 저도 아내가 노력하고 있는 만큼 노력하고 저의 아기와 어머님과 더욱 사랑하면서 행복하게 살겠습니다.

우즈베키스탄의 전통음식

- 피망 속 밥

재료 : 피망, 돼지고기 갈은 것, 쌀, 토마토, 양파, 당근, 식용유, 후추, 소금, 향료

방법 :

1. 피망을 잘 씻고 피망 속을 잘 빼내서 준비하세요.

2. 쌀을 깨끗하게 씻어 준비한 다음 돼지고기 갈은 것, 양파를 채 썰어 준비하고, 후추, 소금, 향료로 양념한 후 속을 만듭니다.

3. 피망에 준비한 피망 속을 넣습니다.(피망에 피망 속을 가득 넣지 마세요.)

4. 냄비에 피망을 놓습니다.

5. 다른 냄비에 식용유를 넣고 양파를 볶습니다(2~3분). 다음에 작은 사각형으로 자른 토마토 놓고 볶습니다(5분). 그리고 썬 당근 놓고 5~7분정도 볶습니다.

6. 냄비에 있는 피망에 2번째 냄비에 있는 볶음을 넣고 물을 넣으세요. (피망이 잠길 정도로 물을 넣으세요.) 불을 약하게 하고 피망을 끓입니다.

7. 요리가 완성하면 사우어 크림이나 마요네즈를 곁들여 먹습니다.

Моя счастливая семья.

Мое новое пристанище-Корея.

Здравствуйте меня зовут Марина Ким. Я родилась в Узбекистане, но 10 лет назад переехала в Россию. Впервые в Корею я приехала, как турист. Так как я кореянка 4-ого поколения, мне было интересно все, что касается Кореи. Мне было очень интересно узнать, какие люди в Корее, облик Кореи. Потом я приехала в Корею работать. Недолго поработав в Корее, было в планах поехать в Японию, тогда же я встретила своего мужа.

Была встреча с друзьями, поехав туда и муж приехал вместе с моими друзьями. Вначале не было мыслей о браке, ни у меня, ни у мужа, но встретившись еще несколько раз, почувствовали, что это любовь. В итоге мы встречались 10 месяцев, а потом поженились. Вначале планировали сделать свадьбу и в России, но из-за сложности проведения мероприятия, решили и сделали свадьбу только в Корее.

한국 사회에서 꼭 필요한 사람

현마리나

안녕하세요?

저는 중앙아시아 키르기스스탄에서 온 현마리나라고 합니다.

키르기스스탄은...

키르기스스탄 Kyrgyzstan

위치 : 중앙아시아 북부

수도 : 비슈케크(Bishkek)

언어 : 키르기스어, 러시아어

기후 : 대륙성 고산 건조기후

종교 : 이슬람교, 러시아 정교 등

면적 : 19만 9945km²

독립 : 1991년 8월 31일

키르기스스칸에 대한 소개를 간단히 하자면 키르기스스탄은 중앙아시아 북부에 있는 나라이며 정식명칭은 키르기스스탄 공화국이다. 소련이 붕괴되면서 1991년 분리독립하였으며 독립국가 연합의 일원이다.

환상의 호수 잇수쿨호가 있는 키르기스는 산의 나라이다. 국토의 대부분은 천산산맥과 그 지맥인 아라이산맥이 차지하고 있다. 공화국의 제일 낮은 곳이 해발 540m이다. 공화국 안에서 제일 높은 산은 7439m이며 산의 이름을 "승리봉(勝利峰)"이라고 한다. 이 지방은 한때 유목기마민족국가의 영화를 자랑했었다. 산악지대에서는 예로부터 사카족이 활약하였고 그 뒤, 오손(烏孫)이 유목생활을 하였다. 10세기 중반에는 다른 투르크계 국가인 카라한조(朝)가 형성되었고, 그 수도인 바라사군은 크게 번영했다고 한다. 키르기스공화국의 수도 비슈케크는 푸른색이 많은 도시이다.

19세기 말까지 유목생활을 하던 키르기스스탄 사람들은 러시아 점령 이후 강제 정착 되었으나 겨울이지나 초원에 풀이 돋아나는 봄이 오면 많은 사람들은 소떼와 양떼를 거닐고 초원으로 나가 부분적으로 유목생활을 이어나갔다.

키르기스스칸 여행의 하이라이트는 'horse trekking' 이다. 말을 타고 녹색 빛깔 완연한 언덕을 오르면 눈 덮인 산들 밑으로 부분적으로 햇빛을 받아 능선과 계곡의 명암이 뚜렷해진 산줄기들이 한눈에 들어온다. 언덕을 오르고 내려오고를 반복하다 해질 때가 되면 유목민들의 유르트에 짐을 풀고 정성껏 차린 음식을 먹는다. 해가 진 후에는 달빛 외에는 그 어떤 빛도 사라지고, 하늘을 올려다 보면 수없이 많은 별들 사이로 은하수가 흐르고 별똥별이 떨어진다.

저는 키르기스스탄 비슈케크에서 초·중·고등학교를 마치고, 예술대 우수 학생으로 대학교를 졸업했습니다. 그 후 현지 한국문화센터에서 5년쯤 근무하고 2000년 8월에 한국에 오게 되었습니다.

성격이 외향적이고 활동적이라 힘겨운 식당 아르바이트에서부터 국제결혼중개센터, 직업소개소, 경찰서 통역, 여행사 가이드에 이르기까지 여러 경험도 해보았습니다. 모국에서도 그랬듯이 적극적이며 긍정적인 사고로 한국사회에서 꼭 필요한 사람이 되고 싶은 바람입니다.

한국에 처음 와서 고생했던 시절을 돌이켜 볼때 한국에 막 결혼하고 와서 고생하는 결혼이주여성들을 많이 돕고 싶습니다.

결혼이주여성들은 너무 무방비 상태도 한국에 들어오는 경우가 많습니다. 한국에 대해 잘 모르고, 언어가 서툴러서 자기 스스로 해 나가는 것이 너무 힘들기 때문에 들어오자마자 국가에서 바로 교육을 해주었으면 좋겠습니다. 아직까지는 교육이나 도움의 손길이 충분하지 않아요. 산후조리와 복지부분에도 지원이 있어야 하겠고, 무엇보다 결혼이주여성들이 직업을 가질 수 있으면 좋겠습니다.

다문화 자녀 키우기

어린 자녀에게 모어(母語)를 가르치느라 고생하시는 엄마들이 많이 있습니다. 그들에게 저의 사례로 도움을 주고 싶습니다.

저는 아기가 태어났을 때부터 러시아어를 가르치고 싶었습니다. 그러나 세상에는 쉬운 일이 없듯이 문제가 생겼습니다. 시어머니가 러시아말 쓰는 것을 반대하고 딸 아이도 이상하게 러시아말만 들으면 울음을 터뜨렸습니다. 그래서 얼마동안 포기하고 있었습니다. 그러다가 아이가 5살 정도 되자 고향인 키르기스스탄에 갈 기회가 있었습니다. 거기서 고향 친구들과 어울려 놀면서 러시아말을 배우게 되었습니다. 그때는 얼마나 기뻤는지 모른답니다. 그후에 제가 아이랑 자주 러시아말로 이야기를 나누었고 러시아책과 만화도 읽어주고 노래도 불러 주었습니다. 그 후 많은 변화를 느낄 수 있었습니다. 지금 제 딸은 8살인데 러시 아어를 잘 알아 들을 수 있습니다. 그러나 아직도 러시아 말을 잘 표현하지는 못 합니다. 하지만 저는 그래도 행복합니다.

모어를 가르치고 있는 어머니들에게 한마디 해 드리자면 포기하지 않고 열심 히 방법을 찾아 노력하면 꿈은 이루어진다는 것입니다.

제게는 또 한가지 어려움이 생겼습니다. 딸 아이를 학교에 입학시켰는데 선생 님께서 학부모들에게 학교에 찾아오라고 했습니다. 제가 한국말이 서툴렀기 때 문에 정말 힘이 많이 들었습니다.

또한 저는 한국 교육 문제가 너무 심각하다고 생각됩니다. 아이를 학원에 보내지 않으면 친구 도 없고, 친구가 없어서 학원에 다니는 경우도 있습니다. 저희 고향에서는 자연속에서 많은 것 을 경험하며 놀 수 있도록 하여 정서적으로 안정 된 아이로 성장하게 합니다. 그런데 어릴때부터 열심히 공부시키는 한국에서 우리 딸 교육을 어떻 게 해야 할지, 이러한 교육문제를 해결하고 싶습 니다.

마지막으로 바라는 것은 다문화가정들이 국가 의 많은 혜택을 받을 수 있어서 좋지만, 우리들 도 할 수 있는 뭔가를 사회에 베풀어서 좋은 이미지를 보여줬으면 좋겠습니다. 또한 우리 사회가 얼굴과 피부색은 달라도 결혼이주여성들을 열린 마음으로 받 아들여 진정한 세계화를 이끌어 나갔으면 하는 바람입니다.

키르기스스탄 전통요리 - 플롭

재료 : 쌀 2컵, 소고기(안심 혹은 등심) 200g, 양파 작은 것 1개, 당근 1/2개, 소금 약간,
후추 약간, 물 2컵, 고기기름(혹은 식물성 오일)

방법 :

1. 쌀은 20분 가량 불리고 물기를 빼둔다.

2. 소고기는 사방 1.5cm 크기로 썰고, 양파는 5mm 두께의 원형으로 썰어 3cm 길이로 자
   른다. 당근은 양파와 비슷한 크기로 자르거나 모양 칼로 찍어낸다.

3. 프라이팬에 고기 기름(혹은 식물성 오일)을 떼어서 두르고, 소금과 후추를 약간씩 넣은
   뒤 고기 표면이 익을 때까지 중불에서 타지 않게 볶아 따로 준비한다.

4. 팬에 남은 기름으로 양파와 당근에 소금을 약하게 한 뒤에 볶는다.

5. (4)에 볶은 고기를 넣고 물기 뺀 쌀을 덮은 뒤, 뒤적이지 말고 그 위에 물을 부어 센 불
   에 올린다.

6. (5)가 끓기 시작하면 약불로 줄이고 20분간 더 조리한다.

7. 불을 끄고 5분 간 뜸을 들이면 완성된다. 여러분, 맛있게 드세요.

Здравствуйте! Меня зовут Хен Марина, я родилась в Средней Азии в Кыргызыстане. В городе Бишкек я закончила школу, а так же институт Искусств с красным дипломом. По окончании интитута около 5 лет я проработала в Корейском культурном центре, там же в Кыргызыстане я познакомилась со своим будущим мужем и в 2000году в августе месяце приехала в Южную Кореею. С тех пор прошло уже 9 лет. Так как у меня очень активный и общительный характер, я начала свою деятельность с работы в простом кафе, затем работала в брачном агенстве, в бюро трудоустройства переводчиком так же в полиции, прокуратуре, суде, в туристическом агенстве гидом. Сейчас я учусь в Пентекском университете на факультете социального благополучия. Так как я сама столкнулась со многими проблемами проживания в Корее, поэтому я хочу помогать женам иностранкам проживающим в Корее.

Сейчас очень много девушек выходит замуж в Кореею не зная языка, культуры, быта страны от этого возникают большие проблемы. Поэтому правительство должно побольше внимания уделять вопросу обучения корейскому языку и периоду адаптации в Корее, а так же в оказывать помощь в поиске рабочих мест.

Так же в данный момент многие мамы сталкиваются с проблемами в школе и в системе образования в Корее.

Несколько слов женам иностранкам. Живя здесь в Корее, Мы не должны сдаваться, это наша вторая родина и родина наших детей, поэтому Мы должны показать корейскому обществу, что мы тоже полноценные члены этого общества и тоже умеем кое-что.

С любовью Хен Марина.

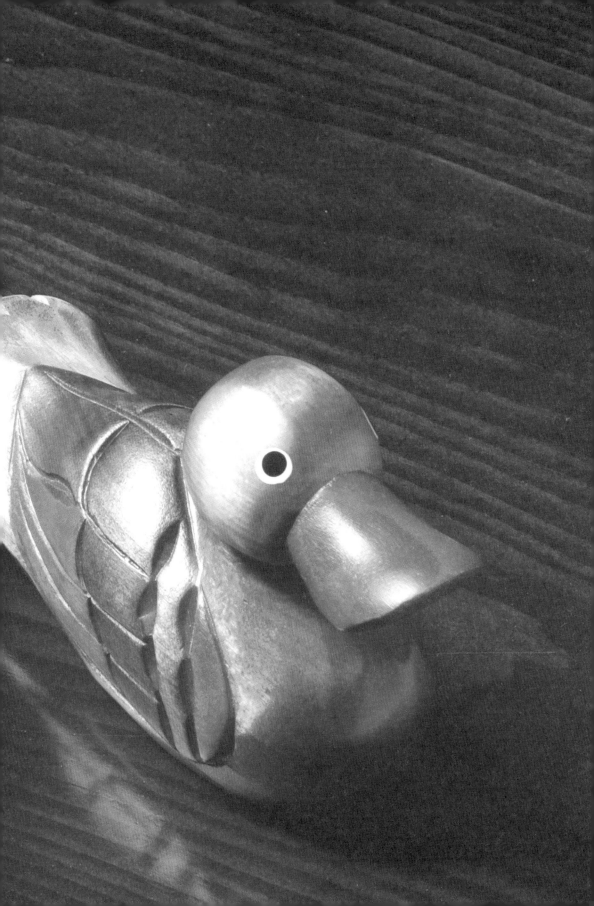

만들어가는 아름다운 꿈

김현희 (평택대학교 다문화가족센터 책임연구원)

새해를 맞으며 연이틀 내린 함박눈은 40cm 정도의 두께로 모난 세상을 동그랗게 뒤덮었다. 하얀 눈이 내린 세상은 무슨 그림이든 지우고 또 그릴 수 있는 동심과 꿈을 주기 때문에 더욱 아름답다. 한 폭의 그림처럼 눈부신 평택교정에 찬란한 무지개가 서서히 하늘 가득 채운다. 빨, 주, 노, 초, 파, 남, 보, 일곱 색상 사이사이로 펼쳐지는 얼굴들, 그들이 만들어가는 아름다운 꿈을 한 올 한 올 엮어가고자 한다.

2007년 여름, 평택대학교 다문화가족센터 책임연구원으로 오게 되면서부터 현장에서 결혼이주여성들을 직접 대면할 수 있는 기회들이 많았다. 그동안 내가 알고 있었던 결혼이주여성은 장기간 문헌을 통해 연구해온 지식이 전부였다. 그들은 경제적인 어려움과 남편과의 나이 차이로 인한 어려움, 자녀양육의 어려움, 남편의 폭력 등 다양한 문제에 직면하여 한국 사회의 부적응을 초래하고 있다는 부정적인 견해가 지배적이었다. 그러나 이러한 사실들이 정확한지 실제 상황에서 확인하는 것은 의미있는 작업이었는데, 결과적으로 그동안 편견의 무서운 함정에 빠졌던 자신을 깊이 깨닫게 되었다. 물론 문헌 속의 실태를 일정 부분 반영하고 있었으나 그러한 선입견으로 보는 것은 일종의 범죄에 가까우며, 그들의 참 모습을 결코 발견할 수 없는 장애물임을 알았다. 특히 평택대학교에서 만난 결혼이주여성들은 알아갈수록 그녀들의 강한 내면과 문화를 초월한 따스한 정서와 각자의 독특한 매력 등으로 어우러진 보배롭고 존귀한 존재임을 느낄 수 있었다. 적어도 삶의 목적만은 뚜렷하며, 문화에 적응하려는 남다른 노력과 주체적인 삶을 살아가는 강한 의지를 깊이 배울 수 있었다.

무지개는 일곱 가지 색상들이 어우러져 아름다운 무지개 빛을 발하나 오히려 역으로 독특한 한가지 한가지 색상을 깊이 느껴보고자 한다. 여기에서는 그동안 다문화가족센터에서 결혼이주여성들과 함께 활동하면서 한 사람 한 사람에게 느낀 감정들을 모아 보았다. 각 나라 결혼이주여성들의 개성이 어떻게 조화되어 무지개 빛이 발하는지 그들의 삶의 방식을 통해 각각의 아름다움을 만끽할 수 있을 것이다.

김갈리나 _ 처음으로 그녀를 만났던 것은 학교 세미나에서 국제 결혼 후, 한국 생활 체험담을 발표하는 모임에서였다. 동양적인 외모와 술술술 흘러나오는 구수한 말은 그녀가 외국인임을 절대 눈치 챌 수 없게 하였다. 자신감과 확신에 가득 찬 그녀의 말투와 당당한 모습에서 고려인의 강한 기상을 느낄 수 있었다.

지난 여름, 결혼이주여성들과 함께 몽골카페에 갈 기회가 있었는데 갈리나는 아줌마의 왕수다로 대화를 주도하며, 얼마나 웃기는지 모두들 배꼽을 잡고 웃었다. 그녀는 짓궂은 농담도 잘하며, 주변을 화기애애한 분위기로 이끌어가는 능력이 탁월하였다. 다문화가족센터에서는 언변에 능한 갈리나의 장점을 살려 경기도 세미나, 목회자 세미나, 다문화전문가 2급 강사 등 다양한 장소에 강사로 배치하였다. 강단에서 그녀는 아줌마 왕수다와는 달리 삶의 진솔한 경험을 쏟아

놓음으로 청중의 마음을 뒤흔드는 탁월한 능력을 발휘하였다. 그녀는 힘들었고 어려웠던 어린 시절의 아픔과 결혼 후 몰아닥친 시련, 절망에서 벗어나는 강한 의지, 가족에 대한 사랑 그리고 한국에서의 꿈 등 찐한 삶의 체험들을 솔직하게 털어 놓음으로써 듣는 이에게 많은 감동을 주었다. 사실 그녀는 한국에 온 후 많은 어려움에 직면하였다. 결혼 후 남편의 거듭되는 사업실패와 거액의 사기, 갑작스런 남편의 질병, 장기간의 중환자 생활, 자신의 임신 중독 등 화려해야 할 신혼시기에 거친 광야를 지나는 시련기를 거쳐왔다. 그러나 낯선 이국 땅에서 이러한 험난한 삶을 이길 수 있었던 비결은 그녀의 절대적인 믿음의 힘이었다. 그녀는 남편이 수술대에 올랐을 때 남편을 살려달라고 외쳤으며, 이제부터는 봉사의 삶을 살겠다고 하나님께 약속하였다. 남편이 기적적으로 살아나자 갈리나는 그 약속을 지켜 지역복지관을 찾아 봉사를 충실히 하고 있으며, 또한 충남의 홍보대사로 다양한 활동을 하고 있다.

정수여 _ 정수여씨는 중국에서 한의대학교 부속병원에 다니다가 결혼을 하고 한국에 왔다. 중국에서 한의학과를 다니면서 당시 한국 유학생이었던 남편을 알게 되었고, 남편과 함께 공부를 하면서 예쁜 사랑을 꽃피우다가 결혼을 하였다. 처음에는 친정 부모님의 반대가 컸으나 결국 딸의 의견을 존중하여 결혼을 허락하였다. 수여씨는 소녀처럼 청순하고, 가녀린 예쁜 외모에 평소 말이 없으며, 깊은 생각에 골몰한 모습은 신비스러움조차 풍긴다고나 할까, 어쨌든 매우 매력적인 여성이다.

수여씨는 결혼 전에는 키가 크고 잘 생기고, 낭만적인 남성이 좋았으나 지금은 솔직하고, 다정하며, 아이 잘 봐주고, 공부도 잘하는 현재의 남편 스타일이 가장 좋다고 자신있게 말하였다. 특히 집에서 열심히 공부를 하는 남편의 모습을 보면 너무나 행복하다고 했다. 그러나 집에 드러누워 TV를 보는 남편들은 참

보기 싫은 모습이라고 하면서 자신의 남편을 잘 선택하였음을 재확인 하듯 행복한 미소를 머금었던 그 얼굴이 생각난다.

수여씨는 한국에 온지 10년 되었으나 아직도 한국말이 어렵다. 결혼생활을 하면서 남편과 함께 의사소통이 쉬운 중국말을 계속 써왔으므로 한국말을 배울 기회가 없었기 때문이었다. 덕분에 8살 되는 딸은 중국말을 아주 잘 한다.

수여씨의 장점 중의 하나는 평소 많은 책을 읽어 깊은 사고와 정서적 감정이 풍부하여 문학적 감성이 뛰어나다. 현재 학원에서 중국어 강사로서 활동하고 있는데 한국어도 어서 빨리 능숙하게 되어 중국문학을 한국에 소개하는데 그 자질들이 충분히 발휘되기를 기대해 본다.

최스베트라나 _ 우즈베키스탄에서 온 최스베트라나씨를 처음 만난 것은 강의실에서였다. 항상 앞에서 2번째 줄에 앉아서 열심히 강의를 듣는 모습이 인상적이었다. 처음에는 이름이 길어서 약칭 '라나' 라고 부르기도 했으나 지금은 긴 이름이 예뻐서 그대로 부른다. '스베트' 는 이 세상에서 나는 빛을 뜻하여서 스베트라나는 '햇님처럼 빛이 남' 을 의미한다.

스베트라나씨는 수학을 매우 좋아하여서 회계사가 되는 것이 그녀의 꿈이었다. 회계학과를 졸업한 후 회계 분야에서 일을 하다가 남편을 만나 결혼하였다. 처음 한국에 왔을 때에는 문화 차이로 어려움이 많았다. 특히 연년생으로 아기가 생겨 아이들을 양육하는데 무척 힘이 들었다. 그러나 두 아이를 보육시설에 보내기 시작하면서부터 여러 복지기관을 찾아다니며 요리 만들기, 문화탐방, 컴퓨터 등 열심히 배우기 시작했다. 그 후 그의 배움에 대한 갈증은 평택대학교 대학원으로 이어졌다. 대학원에 다니면서도 여성인력개발센터 YMCA에서 다문화 강사과정을 이수하였고, 평택대학교에서 한국어 자원봉사과정을 수료하였으며, 주말에는 '외국인 노동자 한국어 교실' 에 다니고, 여러 복지기관에서 강사로 활동하는 등 왕성한 활동을 하고 있다. 이러한 많은 활동들은 외모에서 풍기는 부드럽고 가녀린 모습과 달리 자신의 주장이 강하며, 결심한 것은 끝까지 성취하는 능력이 탁월함을 보여준다.

평택대학교 국제결혼정보 제공프로그램에서 그녀의 남편이 사례발표를 한 적이 있었다. 그녀의 남편 역시, 그녀의 남다른 의지와 강인함을 통해 전형적인 고려인임을 느낀다고 실토하였다. 멋진 외모에 돈 많은 남자보다 힘 있고, 똑똑하고, 착한 남자가 이상형이라는 라나씨, 똑똑하면 언제든지 돈을 벌 수 있기 때문에, 지금의 그런 남편에게 만족하며 행복하게 살아가고 있다.

최연 _ 최연씨는 중국에서 법학과를 졸업하고 법률학교 변호사사무소에서 중국어를 가르치다가, 남편을 만나 결혼하였다. 연씨는 남편이 말은 없지만, 착해 보여서 4번 만나고 결혼하기로 결심하였다고 한다. 그녀가 은근히 자랑하는 남편은 말없이 듬직하고, 키가 크고, 잘생기고, 힘들 때 잘 도와주며, 자상해서 그야말로 자신의 이상형이라고 한다. 결혼 후 2개월 만에 임신을 하였는데, 임신 중에 의사의 오진으로 기형아 판단을 받아 마음 고생이 컸다고 한다. 시숙은 태몽으로 커다란 조개를 보았고, 시어머니는 노란 큰 용을 보았다고 했다. 아기는 남편을 닮아서인지 정말 너무 잘생겼다고 자랑스럽게 말하는 모습이 너무나 행복해 보였다.

최연씨를 처음 보는 사람은 아무도 중국사람인지 눈치채지 못할 것이다. 한국인 외모에, 한국말을 너무나 잘하기 때문이다. 그냥 옆집에 사는 한국 아줌마 같다. 그녀의 구수한 말들은 실타래에서 실이 풀려나오듯이 그냥 술술술 흘러나온다. 연씨의 큰 장점은 긍정적인 사고와 감사하는 생활이다. 그녀가 생각하는 부부란, 몸과 마음이 하나 되어 서로의 생각을 주고 받으며, 생활 속의 문제를 고쳐

나가며 알콩달콩 재밌게 살아가는 것이란다. 이러한 생각이 결혼생활에서 이루어지도록 많은 그녀는 인내심을 가지고 남다른 노력을 하였다. 남편이 퇴근하여 돌아오면 준비해 둔 재미있는 이야기를 들려주며, 대화의 즐거움을 깨닫게 하고, 남편도 자신의 생각을 충분히 표현할 수 있도록 유도하였다. 그래서 이제는 말이 없던 남편이 오순도순 주고받는 대화를 이끌어갈 수 있는 수준까지 되었다고 한다.

또한 그녀는 항상 감사하는 마음으로 살아가는 지혜로운 여성이다. 남편과 아들에 대한 감사뿐만 아니라 시부모에 대한 감사가 흘러넘친다. 일찍 돌아가신 친정어머니 탓인지, 시어머니를 친어머니처럼 모시고 살고 있으며, 시어머니 역시, 친딸처럼 챙겨주신다. 며느리를 위해 대학원 등록금을 준비해 주셨고, 공부에 전념할 수 있도록 바쁜 일정 가운데서도 손주까지 기꺼이 돌봐주신다.

최연씨는 이름의 뜻(과실이 나무에 풍성하게 달림. 결실이 좋다는 뜻)처럼 결혼하기 전에는 부모와 떨어져 외롭게 자랐으나 지금은 시부모님 모시고 행복한 가정을 꾸리며 살고 있다. 그녀는 삶을 살아가는 비결을 알고 있는 지혜로운 여성이다. 행복이란 자신이 정성껏 만들어 나가는 것임을. 그래서 오늘로 남편과 아들, 시부모님, 그리고 자신의 꿈을 위하여 어떤 비바람에도 흔들리지 않는 견고하고 아름다운 성을 만들기 위해 벽돌 하나하나 정성껏 쌓으며, 기초부터 튼튼하게 다져나가고 있다.

엥흐자르갈 _ 엥흐자르갈의 뜻은 엠흐(평화) + 자르갈(행복)으로서 평화와 행복이라는 아름다운 뜻을 가지고 있다. 엥흐자르갈은 몽골에서 국립대학 기자학과를 졸업하고 약 2년 동안 기자 생활을 하다가, 남편을 만나 결혼하였다. 현재 한국에 온지 9년 되었으며 한국말은 유창하며, 수준급이다. 엥흐자르갈은 키가 크고 남자답게 터프한 남성이 이상형이었는데, 지금의 남편이 그런 타입이라고 한다.

　현재 초등학교 들어가는 딸과 유치원에 다니는 아들이 있는 그녀는 자녀교육에 많은 관심을 가지고 있다. 요즈음 아이들 키우기를 힘들다며, 불만을 토로하는 여느 젊은 엄마들과는 달리 자신의 교육철학으로 아이들을 정성껏 양육하고 있다. 석사과정을 공부하면서도 아이들이 원할 때는 언제든지 학교에 두 아이를 데려와 수업이 끝날 때까지 휴게실에서 놀게 한다. 아이들이 놀다가 강의실에 들어오면 준비해온 놀거리를 주면서 수업이 끝날 때 까지 옆에 앉아 조용히 기다리게 한다. 그녀는 자녀들과 많은 대화를 하며, 가능한 자녀의 의견을 수렴하고, 아이들이 직접 할 수 있을 때까지 지켜봐주며 격려를 아끼지 않는다. 두 아이에게 가장 적절한 맞춤식 교육을 적용하며, 전체적인 맥락에서 한 과정 과정들을 성실하게 엮어나갈 줄 안다. 이러한 교육방식은 몽골 지역의 추운 환경 속에 다져진 강인함과 광활한 대지를 보며, 총체적으로 사물을 파악하는 깊은 사고가 자녀교육에서도 나타난 듯하다. 한편, 외모에서 풍겨나는 강한 모습과는 달리 마음이 따스하고 부드러워 동료나 후배들을 잘 챙기며, 시부모님께도 깍듯하다. 멀리 떨어져 계시는 시부모님께 아이들 챙겨 정기적으로 찾아가 인사드리며, 시댁의 어려운 일들에도 몸을 사리지 않고 적극적인 해결사로 많은 부분을 기꺼이 감당하고 있다.

　전정숙 ＿ 전정숙씨의 베트남 이름은 트란티튀(TRAN THI THUY)이며, 이는 행복을 상징하는 꽃의 이름과 같다. 베트남에서 전문대 영어학과를 졸업하고, 중학교에서 4년 동안 영어교사로 활동하다가, 친구의 소개로 남편을 만나 결혼하였다. 결혼 전의 남성상은 똑똑하고 말이 적으며, 일이나 문제를 잘 해결할 수 있는 남자였는데, 현재의 남편이 그런 타입이라고 한다. 남자가 말이 많으면, 무시하기 쉽고 존경하기 어렵기 때문에 말이 적은 남자에게 호감이 간단다.

현재는 평택대학교에서 응용정보학과 3학년에 재학 중이며, 부전공으로 사회복지학을 공부하고 있다. 시부모를 모시며 자녀양육과 함께 대학공부와 부전공까지 병행하느라 매우 바쁘게 살아가고 있다.

2002년도에 경찰서에서 통역 일을 돕기 시작한 것이 계기가 되어 그 후 복지관에서 상담통역사로 봉사를 하였다. 상담이 많을 때는 새벽 2시에 돌아온 적도 있었으나 남편도 이해하여 주었고, 평소에도 봉사활동을 하는데 적극 지지하여 주어서 진짜 좋은 남편이라며 자랑하고는 한다. 사회복지학과를 부전공하게 된 계기는 복지관의 부장님께서 권하여 우연히 선택하게 되었다고 한다. 그러나 봉사활동을 하다 보니 사회복지에 관한 지식이 절실히 필요함을 느끼게 되었다고 한다. 앞으로는 상담도 열심히 공부하여서, 처음 한국에 와서 의사소통이 어려운 베트남 사람들을 도울 수 있는 전문 상담가로 활동하는 것이 꿈이란다.

진흔묘 _ 진흔묘는 5년 전에 중국에서 친구 소개로 남편을 만나 서로 교제하다가 결혼하게 되었다. 따라서 연애하는 동안 서로의 사랑을 확인하고 국제결혼을 선택한 경우이다. 그녀는 얼굴이 인형처럼 귀엽고 매우 예쁘다는 첫인상을 받았다. 피부는 우유빛으로 뽀얗고 얼굴은 조그마해서 마치 조각상 같은 느낌마저 든다. 이러한 서구적인 귀여운 외모에 사교성이 많아 어디나 잘 어울린다. 몇 번 만나는 사람들은 언니나 동생, 친구 사이로 만드는 탁월한 능력이 있다. 그래서인지 혼자 다니는 모습은 찾아볼 수 없고 언제나 여러 사람들과 함께 즐겁게 이야기하며 다니는 모습을 자주 본다.

진흔묘를 처음 만나게 된 적은 이주여성적응프로그램에서였다. 그 당시 진흔묘는 한국에 온지 9개월에 불과하였는데 한국말을 매우 잘하여 쉽게 눈에 띄었다. 수업시간에 강사의 말을 알아듣지 못하는 중국여성들 사이에 앉아, 열심히 통역을 하였다. 강사님도 진흔묘 덕분에 간신히 수업을 이끌어 갈 수 있었다. 진흔묘가 이렇게 한국말을 빨리 할 수 있었던 것은 남편의 도움이 컸다. 남편은 혼자 있는 진흔묘를 가까이서 돕기 위하여 직장 주변으로 이사를 하고, 일찍 퇴근하여 한글을 기초부터 가르쳤다. 주말에는 이곳저곳 데리고 다니면서 생활현장에서 필요한 한국말을 배우게 하였다. 진흔묘도 열심히 따라했는데, 남편이 없는 낮에는 TV드라마를 보며 열심히 한국말을 익혔다. 생활언어가 초급 수준이 되자, 남편은 복지기관을 찾아다니며 한글을 배울 수 있도록 배려해 주었고, 대학 공부도 할 수 있도록 복지기관 관계자들과 상담을 청하며 고민을 나누었다. 처음엔 비싼 등록금 때문에 전문대에 진학할 생각이었으나, 힘들어도 제대로 공부시키자는 생각으로 4년제를 지원하였다고 한다. 진흔묘는 남편의 적극적인 지지에 힘입어 이국 땅에서도 밝게 웃으며, 대학공부를 하고 있다. 그러나 시험 때가 되면 "시험이 너무 어려워요. 공부해야 되는 것이 너무 많아요"라며 이중언어자의 고민을 털어 놓는다. 남편의 배려로 대학공부하며 알뜰하게 가정생활을 꾸려나가는 진흔묘, 그녀의 오렌지 빛 가정에 사랑과 행복이 가득 넘치길 기도한다.

김마리나 _ 김마리나는 러시아에서 살았으나 고려인 4세로서 평소 한국에 대한 관심이 많았다. 직장관계로 한국에 잠시 머물렀을 때에 친구들 모임에서 남편을 만나 10개월 정도 연애를 하고 결혼을 하였다. 결혼 후, 러시아에 계시는 친정 어머니를 모시고 와서 함께 생활을 하게 되었다. 마리나는 무남독녀로 자라면서 결혼 후에도 홀로 계시는 친정어머니만은 자신이 모시겠다는 강한 책임감이 있었다. 마리나의 결심에 시댁의 다섯째인 남편도 찬성하였고, 두 부부는 시부모님을 잘 설득하여 친정어머니를 모셔 오게 되었다. 그러나 동반가족은 여행비자로 들어오기 때문에 체류기간을 계속적으로 연장해야하는 불편함은 크다고 했다.

마리나가 낯선 타국생활에서 직면하는 많은 어려움들을 쉽게 극복할 수 있었던 것은 친정어머니가 정서적인 지지자로 늘 함께 했기 때문이다. 대학원을 진학 할 수 있었던 것도 친정어머니의 권유 때문이었고, 또한 안심하고 아기를 맡길 수 있는 친정어머니가 계셨기 때문에 큰 용기를 낼 수 있었다고 한다.

마리나는 현재 남편과 첫 돌 지난 귀여운 아들과 친정어머니와 함께 행복하게 살고 있다. 부모님을 모시고자 하는 효심과 이해해준 온 가족의 배려는 서로 win-win할 줄 아는 다문화가정의 모범을 보여주는 듯하다. 자신의 소망을 현실로 바꿀 줄 아는 마리나, 당당하게 자신의 목소리를 내며 주체적인 삶을 살아가는 지혜로운 마리나, 그녀의 윤택한 삶의 비결에 박수를 보낸다.

현마리나 _ 현마리나는 여행사에서 러시아권 관광 가이드로 활동하면서 대학원을 다니고 있다. 직업적 특성에 따라 사교적이며, 활달할 뿐만 아니라 아가씨처럼 날씬하고 세련된 외모를 가꿀 줄 아는 멋쟁이 여성이다. 맏딸로서 맞벌이로 바쁜 부모님을 대신하여 동생들을 돌보았으며, 일찍 아버지가 돌아가신 후에는 집안의 가장역할을 하였다. 예술대학교에서 지휘학을 졸업한 후 한국문화센터에서 직장 생활을 하며 친정 식구가 자립할 수 있을 때까지 열심히 일만 하였다. 친정 식구들이 독립적인 삶을 살 수 있는 기반을 마련한 후에 마리나는 어릴 적 꿈을 따라 세계를 여행하며 자신의 인생을 찾아 나서기로 결심하였다. 여행사에 다니며 세계 여러 나라를 가이드 하는 과정에서 한 남자를 만나 사랑을 하였고, 그 남자를 따라 결국 한국으로 시집을 오게 된 것이다.

깍쟁이 처럼 예쁘게 생긴 외모와 달리 속이 털털한 현마리나는 만나는 사람들에게 푸근한 웃음과 기쁨을 준다. 수업시간에는 고개를 연신 끄덕이며 적극적으로 참여하며, 자신의 생각과 주장을 뚜렷하게 나타내고, 문화적 차이에서 오는 다양성을 깊이 생각하게 만들어 수업을 풍부하게 하는 촉매 역할을 하는 학생이다.

한편, 집에서는 시어머니를 모시면서 직장 생활로 바쁘게 살아가는 맞벌이 주부이다. 관광 안내를 하고 피곤하고 지친 채 집으로 돌아오면 너무나 자유분방하게 펼쳐진 집안의 풍경에 정신없이 청소하기에 바쁘단다. 깔끔하고 단정하게 집안 살림을 정리하는 자신의 성격과 전혀 다른 시어머니, 남편, 그리고 딸에게 어떻게 집안을 정돈하는 방법을 가르쳐줘야할지 고민이 된다고 한다. 문화와 사고방식의 차이로 때론 시어머니와 부딪히기도 하지만 하하하 크게 웃으며 너그럽게 이해하고 넘어가는 현마리나가 참 대견스럽다.

자녀교육에도 똑 부러지는 엄마이다. 학원에 대한 정보도 정확히 알아보고 아이에게 적합한 곳을 선택하여 보내며, 학부모 회의에도 빠지지 않는 모범 학부모이다. 특히 아이가 이중언어를 구사할 수 있도록 장기적인 계획 속에 인내하며 꿈을 잃지 않고 교육하는 현마리나… 깊어가는 이 가을밤에도 올 겨울방학에 딸 아이를 외할머니 댁에 보내어 그 곳 친구들과 사귀며 러시아 말을 잊어버리지 않도록 계획을 짜고 있을 것만 같다.

이상에 소개된 여성결혼이민자들은 국제결혼으로 겪게 되는 언어적·문화적 차이를 극복하고 이 사회의 구성원으로서 주체적인 삶을 살아가고 있다. 이들은 가정의 행복이란 사랑과 정성으로 가꾸고 만들어가는 것임을 알고 있기에 흔들리지 않는 발판 마련하기에 끊임없는 노력을 하고 있다. 사랑으로 다져진 안정된 가정 속에서만 한국에서 이루고자 하는 자신의 꿈과 미래도 실현됨을 터득하였기 때문이다.

꽃보다 아름다운 그녀들, 희망의 불씨를 건네다

서연주 (평택대학교 다문화가족센터 연구위원)

현재 한국사회에는 다문화와 관련된 담론이 무성하다. 많은 수의 한국인들은 자신의 이해와 직접적으로 관련되어 있지 않을 때에는 다문화 주체에 대한 차별이 부당하다는 데 쉽게 동의한다. 그렇지만 그것이 나의 문제가 되었을 경우에는 다문화 주체에 대한 차별과 무시를 적극적으로 혹은 암묵적으로 동의하는 데 별 주저함이 없다.

보통 소수자·약자에 대한 무시와 냉대가 이루어지는 매커니즘에는 '그들'을 '우리'와 똑같은 인격을 갖춘 인간으로 받아들이지 않는 '시선'이 존재하기 마련이다. 그럴수록 주류의 가치를 생각없이 내뱉는 데 아무 주저함이 없어진다. 그렇지만 만약 그 일이 내 가까운 이웃이나 가족에게 벌어진다면 '우리'의 느낌은 대번에 달라질 것이다. 그것은 그 이웃과 '같은 감수성'을 갖고 그들의 체험과 느낌을 체감적으로 받아들이기 때문이다. 따라서 약자들을 자신의 이웃으로 받아들이게 하는 노력이 필요하다.

때문에 다문화교육은 '다름'이 '틀림'은 아니며 '다름'이 가진 그 다양성의 '차이'에 가치가 있음을 일깨워주고 이로 인해 개인의 삶을 변화시킬 수 있어야 한다. 그렇기 때문에 다문화교육은 단지 일상을 떠난 축제의 장처럼 이벤트화되어서도 안되며 잡식성의 전시물을 시각적으로 관조하고 오는 관음증을 만족시키는 정도로 진행되어서도 곤란하다. 다문화교육은 우리가 가지고 있는 사고의 한 부분에 문제의식을 던져주고 이는 각 개인의 정체성교육과도 연결되어야 할 것이다. 따라서 다문화교육은 잡화점격 문화체험식의 교육보다는 다문화가족들의 처지에 공감할 수 있는 사유능력을 배양하는 방향으로 전개될 필요가 있다. 이처럼 자신의 일상의 행태에 대해 평화의 관점에서 질문하도록 하려면 감수성 훈련이 동반되어야 한다.

국문학, 그것도 현대소설을 전공한 필자가 다문화교육에 관심을 가지고 함께 해 온지 3년쯤 되어 간다. 그간의 학문적 관심사와 사회활동이 여성, 소수자를 향해 있었으니 결혼이주여성들과의 만남은 이미 예견된 일이기도 하였다. 사실 우리의 문학사에도 근대문학 초기인 1900년대부터 이주문학. 즉 '디아스포라' 문학이 등장한다. 하와이, 멕시코, 러시아 등지로 떠났던 우리 민족의 곡진한 삶을 다룬 텍스트들을 보며 디아스포라의 감정에 대해 막연하게 공감하곤 했었다. 그렇지만 필자 역시도 결혼이주여성들을 현장에서 만나고 이야기를 나누기까지 그간 얼마나 잘못된 시각에서 그녀들을 상상하고 있었나를 절실히 깨달았다.

그간 우리의 황색 저널들은 '가난한 나라에서 온 무지한 사람'이란 고정화된 범주로 결혼이주여성을 보여주었다. 미디어는 국제결혼 과정에서 한국남성이 취약한 위치에서 약삭빠른 외국여성에게 얼마나 쉽게 속임을 당했었나에만 집중해왔다. 이처럼 미디어의 감정적인 보도는 국제결혼과 관련한 법을 개정하게 까지 만들었다. 어쩌다 결혼을 통해 새로운 삶의 비전을 세우고 그것을 열심히 실천해가는 결혼이주여성들의 현재적 열망을 만나게 되면 그것은 허구적으로 구성된 공익광고같은 연출이라는 오해까지도 하게 했었다.

그렇지만 내가 만난 결혼이주여성들, 그녀들과 함께 하는 시간은 늘 풍요롭다. 그녀들은 아주 조그만 것이라도 서로 나눌 줄 알며 삶의 긍정적 에너지와 지적 호기심으로 눈빛을 반짝인다. 자신 앞에 주어진 일에 대해 진지하게 고민하고, 소박하지만 일상의 작은 행복을 만들어갈 줄 아는 그녀들을 보면서 나 자신도 그간 쌓아둔 삶의 때를 추스르곤 한다.

지난 여름, 다문화통역사 수업으로 통역작문을 강의하면서 만난 그녀들은 한국의 여느 어머니들처럼 한국 사회의 심난한 교육열을 걱정하고 좋은 엄마되기에 골몰해 있었다. 결혼이주여성들은 어딘가에 있는 먼 이웃이 아닌 우리의 누이, 언니 그리고 옆집 아줌마처럼 2009년, 대한민국의 현재적 삶을 함께 살아가는 일원이다. 그녀들이 살아온 모습, 꿈꾸는 미래에 대해 담은 이 책이 우리에게 훈훈하게 읽히는 것은 '사랑' 이라는 중심축으로 건강하게 살아가는 생생한 현장을 담고 있기 때문이다. 그 삶을 여과없이 진솔하게 담은 이 글들이 또 다른 다문화가정에게, 그리고 막막한 삶에 던져진 우리 모두에게 희망의 불씨가 되기에 충분할 것이다.

한국사회가 진정한 다문화사회가 되기 위해서는 담론과 실천 사이의 분리를 극복해야 할 것이다. 그렇기에 다문화 주체들의 생생하고 진솔한 이야기를 통해 그들의 삶을 동기부터 이해할 수 있도록 연결해 주는 것이 다문화교육의 일선에 선 이들의 역할이 아닌가 하는 생각이다. 그런 뜻에서 이 책을 출간한다.

부디 많은 사람들에게 이 책이 의미있게 기억되길 바라는 바이다.

늦가을, 겨울의 초입에서 서연주 씀

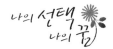

인 쇄 2009년 12월 23일
발 행 2009년 12월 29일

엮은이 신은주
펴낸이 정봉선

펴낸곳 **정인출판사** 서울시 성동구 도선동14 신한넥스텔 1506호 (우 : 133-714)
전 화 영업부 (02)922-1334 / 편집부 (02)2281-1335
팩 스 (02)925-1334
홈페이지 www.junginbook.com
이메일 junginbook@naver.com

등록   제303-1999-000058호
ISBN 978-89-89432-40-1 (03040)